QUATRO PASSOS PARA A MUDANÇA INTERIOR

Silas Barbosa Dias

QUATRO PASSOS PARA A MUDANÇA INTERIOR

As Leis da Inteligência Multifocal para o
Caminho da Sabedoria Transformadora

Copyright © 2008 Silas Barbosa Dias.

Todos os direitos reservados. Nenhuma parte deste livro pode ser reproduzida ou usada de qualquer forma ou por qualquer meio, eletrônico ou mecânico, inclusive fotocópias, gravações ou sistema de armazenamento em banco de dados, sem permissão por escrito, exceto nos casos de trechos curtos citados em resenhas críticas ou artigos de revistas.

A Editora Pensamento-Cultrix Ltda. não se responsabiliza por eventuais mudanças ocorridas nos endereços convencionais ou eletrônicos citados neste livro.

Dados Internacionais de Catalogação na Publicação (CIP)
(Câmara Brasileira do Livro, SP, Brasil)

Dias, Silas Barbosa
    Quatro passos para a mudança interior : as leis da inteligência multifocal para o caminho da sabedoria transformadora / Silas Barbosa Dias. -- São Paulo : Cultrix, 2008.

    ISBN 978-85-316-1013-4

       1. Desenvolvimento pessoal 2. Mudança (Psicologia)
I. Título.

08-04006   CDD-158.1

Índices para catálogo sistemático:

1. Mudança interior : Psicologia aplicada   158.1

O primeiro número à esquerda indica a edição, ou reedição, desta obra. A primeira dezena à direita indica o ano em que esta edição, ou reedição, foi publicada.

Edição	Ano
1-2-3-4-5-6-7-8-9-10-11	08-09-10-11-12-13-14

Direitos reservados
EDITORA PENSAMENTO-CULTRIX LTDA.
Rua Dr. Mário Vicente, 368 — 04270-000 — São Paulo, SP
Fone: 6166-9000 — Fax: 6166-9008
E-mail: pensamento@cultrix.com.br
http://www.pensamento-cultrix.com.br

Dedicado a todos aqueles que tiveram
a coragem de escolher mudar.

*A qualidade dos pensamentos é a chave para
tudo o que almejamos em nossas vidas.
Tudo começa a partir de dentro, no resgate
do "eu" saudável e nos atos de gerenciar
pensamentos, administrar emoções e reeditar
o filme do inconsciente. Aprenda a aplicar
a sabedoria na formação de um novo destino
a partir do "eu" interior.*

Sumário

APRESENTAÇÃO... 11

PRIMEIRO PASSO:

O segredo de ser: o resgate do "eu" saudável........... 19

SEGUNDO PASSO:

O segredo de pensar bem: gerenciar os
pensamentos com sabedoria................................. 59

TERCEIRO PASSO:

O segredo de se sentir bem: administrar as
emoções com paixão pela vida............................. 101

QUARTO PASSO:

O segredo de redefinir o destino: reeditar o
filme do inconsciente... 149

REFERÊNCIAS BIBLIOGRÁFICAS........................ 183

Apresentação

Compreenda, acredite e confie que, se você mudar o significado de qualquer evento em sua mente, mudará imediatamente como se sente e o que faz, e assim mudará suas ações e transformará seu destino.

— Anthony Robbins

Se uma pessoa não se torna o que ela entende, na verdade ela ainda não entendeu.

— Soren Kierkegaard

Este é um livro sobre mudanças e também sobre um segredo que é a chave para a transformação.

Muitas pessoas querem descobrir esse segredo, mas se esquecem de que, para mudarem suas vidas, precisam antes mudar a maneira de pensar, construindo pensamentos melhores.

Sempre existe uma maneira de você viver melhor, ser pleno e feliz, e ter qualidade de vida. Transformar-se a partir de dentro é uma escolha contínua. Mudar é uma escolha, é uma decisão de fazer da vida uma aventura espetacular. Mudar é a ousadia da esperança, assumida na própria condição humana.

Quem pensa bem é quem gera boas mudanças. Os pensamentos produzem emoções; as emoções de boa qualidade propiciam boas decisões; melhores decisões levam a ações relevantes; boas ações fixam hábitos saudáveis; hábitos adequados formam o bom caráter; e o caráter correto determina o destino bem-sucedido. Pensar é mudar. Pensar é se *trans-formar*.

O ser humano tem a incrível capacidade de escolher pensamentos cada vez melhores e, com isso, ser cada vez mais bem-sucedido.

Este é um livro sobre transformações no Século das Mudanças. Dizia-se no final do século passado que a única coisa permanente é a mudança, mas agora, no século XXI, até a mudança está mudando — vivemos no tempo de inovar a inovação.

Parafraseando William James, podemos afirmar que "a maior maravilha do nosso tempo é que qualquer pessoa pode mudar a si mesma ao mudar sua maneira de pensar".

Tudo muda de maneira constante — "ninguém atravessa duas vezes as mesmas águas de um rio". Nosso cérebro e nosso corpo estão sempre em movimento, portanto podemos dizer que onde há movimento há mudança e onde há mudança há movimento. Vivemos na mudança dos movimentos e no movimento das mudanças. Envelhecer não é uma questão de idade, é a ausência de movimento. E mover é mudar. Mas não basta mudar, é preciso mudar para melhor, transformar-se.

Transformação tem a ver com hábitos, e hábitos têm a ver com mudança efetiva. É ter o prazer de saborear as mudanças. Mudar deveria ser um processo prazeroso, sabendo-se que novas vertentes serão descobertas, novas aventuras serão experimentadas.

Mudar é rejuvenescer na esperança. Somos tão jovens quanto nossos sonhos, e tão velhos quanto nossos desesperos. Não paramos de sonhar porque começamos a envelhecer; na verdade, começamos a envelhecer porque paramos de sonhar. Somos tão jovens quanto nossas esperanças.

Mudar é romper a inércia do "deixa como está para ver como é que fica". É romper o conformismo. Conformação gera deformação, em vez de transformação.

A transformação é o resultado de nossas escolhas, que são frutos de nossas decisões. Nossa vida é feita do mesmo tecido usado por nossas decisões.

O Autor da Vida nos deu o poder de escolha. Escolher dignifica a criatura e honra o Criador. Se você pode pensar, então pode escolher. E se você pode escolher, então pode mudar.

Somos uma *metamorfose ambulante*. Para entender o que é uma "metamorfose", pense na lagarta que, ao mudar completamente sua forma, faz surgir a borboleta. Mudar é desprender-se do que precisa ser eliminado e determinar-se a ser diferente. É escrever um novo roteiro, uma nova história, recriando os sonhos.

Hoje, mais do que em qualquer época, vivemos profundas mutações, tanto no nível pessoal como no familiar e social. A vida convoca cada um de nós a fazer uma radical mudança em nosso modo de pensar. Um pensar que passe por uma nova maneira de respeitar, crer e amar. Enfim, vermos a realidade de maneira *multifocal*, que visa integrar nossa vida.

É hora de rompermos os pensamentos que têm inibido a bondade em nosso mundo; enrijecido a criatividade solidária; criado a solidão, mesmo em meio à multidão; esclerosado as instituições; e obstruído as fontes geradoras da cumplicidade humana.

Somente uma grande transformação trará esperança para o mundo atual. Como disse Edgar Morin, em seu volume sobre a *Ética*, "Tudo precisa ser reinventado para salvar a humanidade dos riscos do aniquilamento".

É necessário sairmos da acomodação e da passividade, e entrarmos no território multifocal das mudanças. É necessário decidirmos resgatar a liderança do "eu" e pararmos de colocar o destino de nossa história nas mãos dos outros e das circunstâncias. Se as coisas não mudam, "nós mudaremos".

Mudar é você encontrar o endereço de seu próprio coração, reintegrar-se com a melhor parte de si mesmo, de seu "eu" saudável. É estar em sintonia com o Autor da Vida, em uma espiritualidade transformadora.

Ninguém está pronto quando nasce. O ser humano é uma tarefa inacabada; é um ser que se constrói, enquanto avança pelas trilhas e avenidas da existência.

Ao avançar, deparamo-nos com novas escolhas. O Universo tem um imenso catálogo de escolhas à nossa disposição. E viver é fazer escolhas — somos frutos de escolhas, tanto de gerações anteriores como da nossa. Em cada geração, afetamos as escolhas e somos afetados por elas.

Como também afirmou Edgar Morin, "O mistério humano está ligado ao mistério da vida e ao mistério do cosmo, pois carregamos em nós a vida e o cosmo". E prosseguiu: "O ser humano comporta, ao mesmo tempo, a consciência e a inconsciência da sua finitude; sente-se invadido pelo infinito na experiência religiosa, poética e erótica do êxtase. Portanto, é um ser de esperança e de desespero".

A partir desse entendimento, advogamos que não adianta buscar a mudança externa para gerar uma mudança interna, pois a mudança externa começa pelas mudanças internas.

A mudança efetiva tem sua origem na essência do propósito Daquele que nos criou, não apenas como corpo e psique, mas, sobretudo, como espírito.

Somos seres integrais com interfaces maravilhosas que constituem os componentes de nossa personalidade. Não somos seres humanos tentando ser espirituais; somos seres espirituais tendo uma experiência histórica como humanidade. O ser humano é um ser físico, psíquico, social, espiritual e ecológico. Somos seres multifocais em constante transformação.

Aqui, convidamos você a uma aventura fascinante — caminhar pelas avenidas dos pensamentos, navegar nos oceanos das possibilidades e reinventar os meandros de sua interioridade, e tudo isso por meio de poderosas escolhas.

Busque novas opções, surpreenda-se com brilhantes realizações. Se tudo está em movimento — o Universo, os átomos, a luz e a energia —, então dê a si mesmo o presente das espetaculares mudanças: resgate seu "eu", gerencie seus pensamentos, administre suas emoções e transforme seu inconsciente.

Você escolher mudar é bem melhor do que precisar mudar por ser vítima de escolhas erradas, suas e dos outros. Ou mudamos ou a vida nos muda — a escolha é nossa!

Tente lembrar-se de quantas coisas ruins já lhe aconteceram porque você não decidiu em tempo hábil ou não fez a melhor escolha! Você hesitou em ser o autor da própria história e acabou encarcerado pelas emoções negativas.

Avance em direção à mudança, em vez de adiar decisões e manter velhos pensamentos que o prendem ao medo.

Convide-se para o banquete da liberdade e apaixone-se pela vida. *Tenha um caso de amor com você mesmo*, não no sentido egocêntrico e narcisista, mas no sentido de honrar aquilo que você é: a "imagem e semelhança de Deus".

Dê passos concretos para fazer de você o fator principal, a surpresa maior, a recriação plena de si mesmo.

Dê a você uma nova chance de agir mais e reagir menos; de dialogar mais e julgar menos. Dê a si mesmo a possibilidade de desejar mais mudanças e desistir menos dos sonhos.

Deformar, nunca. Conformar, às vezes. Transformar, sempre.

* * *

Este livro busca contribuir, de maneira prática, na desafiadora tarefa de tomarmos decisões mais saudáveis nos focos de tensão.

Para isso, utilizamos alguns passos da Teoria da Inteligência Multifocal, de autoria do psiquiatra brasileiro Augusto Cury, que há mais de vinte anos vem procurando compreender os mecanismos da formação dos pensamentos e os papéis da memória, e como sermos líderes de nós mesmos, reeditando o filme de nosso inconsciente.

A Inteligência Multifocal apresenta Doze Leis para Mudar uma Vida, que é uma apresentação condensada de toda a teoria exposta no livro de Augusto Cury, *Inteligência Multifocal* (Editora Cultrix, 2002).

Aqui vamos nos concentrar em quatro dessas leis, usando-as como passos no processo de transformação. A novidade é considerarmos esse processo desde as fontes essenciais da religação do ser humano como ser *complexus*.

PRIMEIRO PASSO

O segredo de ser:
o resgate do "eu" saudável

*Em alguns séculos, quando a história de nossos dias
for escrita com uma perspectiva de longo prazo, é
provável que o fato mais importante que os
historiadores destaquem não seja a tecnologia, nem a
Internet, nem o comércio eletrônico. Será uma
mudança sem precedentes da condição humana.
Pela primeira vez, literalmente, um número
substancial e crescente de pessoas tem escolhas.
Pela primeira vez, elas se gerenciam a si mesmas.*

— Peter Drucker

O Resgate do "Eu" Saudável é:

1. Reconhecer os tesouros do coração e da alma que o dinheiro não pode comprar;

2. Manter firmeza de decisão, ter encanto pessoal e capacidade de expressar claramente sua opinião;

3. Aproveitar oportunidades, manifestando confiança nas próprias idéias;

4. Ter iniciativa, imaginação e autoconfiança;

5. Ser capaz de reconhecer os próprios limites;

6. Ter coragem de dizer verdades, mas ter uma coragem ainda maior de ouvi-las;

7. Alimentar a mente com pensamentos de coragem em meio às turbulências da vida;

8. Cultivar o autodomínio nos relacionamentos e não deixar que os outros controlem você;

9. Cultivar o bom humor e a sobriedade;

10. Treinar a emoção, não se deixando paralisar pelo medo que destrói a imaginação, mata a autoconfiança e ofusca o entusiasmo.

De Dentro para Fora

Apesar de ser um artigo de luxo, a qualidade de vida é essencial nos dias de hoje. Fala-se muito desse assunto e as pessoas a estão procurando, mas em sua vida exterior. A qualidade de vida, no entanto, começa de dentro para fora. E, atualmente, poucos de nós estamos buscando essa qualidade interior.

Como é que existem tantas pessoas neste mundo vivendo alegres e cheias de ousadia, sonhos, sucesso e encanto pela vida, enquanto outras parecem levar uma vida de desespero, insegurança e frustração, alimentando raiva, depressão e sentimentos de culpa?

Quem está mal interiormente acaba ficando mal por fora. Eis a doença do mundo atual!

As pessoas, em vez de terem sua vida interior trabalhada de modo positivo, estão trabalhando-a de maneira negativa.

Eu lhe pergunto: qual a diferença entre os que têm e os que não têm? Entre os que podem e os que não podem? Entre os que fazem e os que não fazem? Para a qualidade de vida, qual é a diferença que faz a diferença?

Somos seres pensantes, mas não damos a devida atenção ao processo de construção dos nossos pensamentos. Todos nós somos limitados na compreensão desse complexo mundo da consciência. E por não termos essa compreensão, não administramos nosso fantástico mundo interior, no qual ocorrem transformações e verdadeiras revoluções.

Muitos desconhecem a grandeza, os limites e o alcance deste universo chamado "pensamento".

Se provocarmos a inteligência de alguém que esteja enfrentando crises interiores, se o estimularmos a resgatar a liderança do "eu" saudável, pouco a pouco ele aprenderá a gerenciar suas cadeias de pensamentos e emoções angustiantes, e o resultado será a liberdade no território da emoção e do intelecto.

Muitas pessoas até parecem fortalezas, demonstram determinação por fora, mas emocionalmente são frágeis, não se interiorizam, não visitam suas carências e não conversam consigo mesmas.

Em conseqüência, surgem, em algumas delas, atitudes impulsivas e momentos de agressividade; e outras, ilhadas em si mesmas, como parceiras da solidão, são vítimas do preconceito e do autoritarismo de suas próprias idéias.

Esse é o momento de aceitar com responsabilidade as próprias fragilidades, sabendo que "uma jornada de mil quilômetros começa no primeiro passo", e só pode ser percorrida se dermos um passo de cada vez. Por isso, deixe o orgulho de lado e dê o primeiro passo em direção à mudança.

O Poder da Mudança Interior

As coisas não mudam; nós mudamos.

— Henry David Thoreau

Para termos qualidade de vida, a mudança deve começar de dentro, pois assim ela se estenderá para fora.

Como crescemos aprendendo a nos adaptar ao mundo exterior, ficamos sem ação diante de nossas dores emocionais, pensamentos antecipatórios e ansiedades.

Há uma lição de sabedoria, encontrada em um texto cristão, que diz: "Transformai-vos pela renovação da vossa mente." Significa dizer que a qualidade de vida começa na mente, no reino dos pensamentos. Antes mesmo de se tornar uma ação, a qualidade de vida se inicia na raiz da história, o que nos leva a observar que, se antes do agir houver renovação, revisão e análise, muitos problemas podem ser evitados. Só isso já vai produzir frutos de paz, tranqüilidade e alegria.

Muitas pessoas estão lutando para mudar o que está fora e, ao verem que nunca conseguirão, dizem "eu sou assim, não consigo mudar". Para elas, aqui vai um conselho: duvide disso. A mudança interior é uma mudança que você pode fazer, começando com a renovação da mente no território dos pensamentos.

Eu já tive a oportunidade de trabalhar com várias pessoas extraordinárias — gente talentosa, desejosa de atingir o sucesso e conquistar a felicidade; gente que desejou mudar para parar de prejudicar o próximo. Sempre o fundamento da mudança delas estava no resgate da liderança de um "eu saudável", a partir da interioridade.

O erro maior de começarmos a partir de fora, em vez de dentro, é que nos concentramos nas fraquezas e defeitos, não na compreensão das fragilidades, um fator fundamental na ajuda humana. As opiniões, na maioria das vezes, são inconsistentes, pois somos seres em movimento e em mutação, e o que pensamos um do outro está com o prazo de validade vencido.

Janela da Mudança

Abramos novos caminhos mentais e veremos como
os antigos vão se tornando menos distintos,
até desaparecerem com o tempo.

— Napoleon Hill

Se resolver abrir a sua "janela da mudança" a fim de compreender e viver de verdade aquilo para o qual foi gerado, você descobrirá seu potencial e entenderá melhor sua própria natureza, seus valores mais arraigados e sua capacidade de contribuir com o que tem de melhor.

Da qualidade de seus pensamentos deriva a qualidade de suas emoções. Da qualidade de suas emoções deriva a qualidade de suas ações. Portanto, é hora de renovar, trocar os antigos padrões autodestrutivos por padrões novos, por pensamentos inéditos.

O que é renovar? É mudar o pensamento antigo, é reformar idéias. Por que continuar repetindo o que não está funcionando? Quando uma pessoa percebe que está indo pelo caminho errado, o jeito é ela decidir mudar imediatamente a direção para poder chegar ao seu destino.

Então, é hora de mudar a forma — *trans-formar* —, mudar o pensamento para um novo, reformular, reinventar, para então agir de uma nova forma, usar uma nova fórmula.

Você se define pelo que é por dentro, não pelas opiniões ou comparações feitas pelos outros.

O resgate e a liderança do "eu" precisa encontrar um eco e uma comprometida decisão existencial — "transformai-vos pela renovação do vosso interior", eis a possibilidade de mudança integral.

Lembro-me de que, há alguns anos, eu estava dando uma palestra quando um senhor se aproximou e me disse: "Sabe por que as pessoas não mudam? Porque não mudam suas mentes."

Desde aquela época, essa frase me inspira a entender o que motivaria alguém a buscar mudanças em sua vida.

Muitas pessoas se escondem por trás de uma máscara que ofusca seu brilho e sua luz, o calor da emoção de viver, porque não renovam suas mentes. Insistem naquilo que não produz alegria e que causa depressão; insistem em velhos pensamentos que levam a atitudes negativas.

Estamos falando de mudança interior, portanto tratando do existencial humano, e o sentido primeiro da existência humana é termos fôlego para a vida. Sem tratar o interior, não é possível falarmos em qualidade de vida.

Renovar a mente é a possibilidade de pensar bem.

Há, no *Homo sapiens,* uma inclinação para ser *Homo demens,* ou seja, uma inclinação para pensar errado, de modo negativo, dando lugar e vez aos sabotadores psíquicos. A solução é mudar a maneira de pensar; é preciso resgatar na mente a liderança dos pensamentos saudáveis. Nós temos de resgatar a direção de nossa mente por meio do resgate existencial de nosso "eu", e com sabedoria terapêutica.

As pessoas aprendem a dirigir um carro, mas não aprendem a dirigir sua mente. Não sabem dirigir seu interior, não dominam e gerenciam suas emoções, não sabem controlar suas reações e, com isso, acabam tendo atitudes ruins. No final, vem o sofrimento, a tristeza e a depressão por causa dessa má administração e má direção da mente e do pensamento.

Recentemente, em todo o mundo surgiram inúmeros cientistas dedicados a entender o funcionamento da mente. Eles querem entender como funciona a mente e como mudar certas estruturas mentais; dentre eles está o Dr. Augusto Cury, um psiquiatra brasileiro. Durante vinte anos ele pesquisou como funciona a construção dos pensamentos e concluiu que, se mudarmos nossa maneira de pensar, curaremos a maior parte das enfermidades.

Quanto melhor você usar os seus pensamentos, menos trabalho dará aos psicólogos. "Transformai-vos pela renovação da vossa mente."

O Dr. Cury tem também dedicado sua vida ao estudo da inteligência de Jesus. E descobriu que ninguém nos ensinou melhor que Jesus de Nazaré a pensar coerentemente.

Algumas pessoas religiosas, infelizmente, não têm aplicado em suas vidas o modo multifocal de pensar do Mestre da Vida (Cury, 2001). Porque a mudança requer pensar de modo multifocal, e não esqueçamos que a ação começa no pensamento.

É preciso mudar, pois muitos daqueles que dizem seguir Jesus têm ainda uma ética baseada na falta de escrúpulos em seus relacionamentos — passam os outros para trás, não pagam suas dívidas, têm reações intempestivas. Essas pessoas usam a máscara religiosa, mas levam uma vida que é inversa aos ensinamentos do Mestre dos Mestres. Não expressam aquilo que deveriam ser como seres humanos. O que lhes falta é mudar suas ações por meio da renovação da mente.

É preciso que você se olhe mais de perto, observe a fonte, o início, ou seja, veja no que você está pensando. Se buscarmos sinceramente compreender o que significa "transformai-vos", tenho certeza de que conseguiremos perceber a importância das palavras de T.S. Eliot: "Não devemos parar de explorar. E o fim de toda nossa exploração será chegar ao ponto de partida e ver esse lugar pela primeira vez."

Dependendo do que estiver ocupando sua mente, esse conteúdo vai gerar doenças causadas por timidez, medo, pânico ou ansiedade; vai provocar taquicardia, insônia, dor de cabeça e outros males; e esse quadro pode transformar-se, com o tempo, em profunda depressão.

Mas o que deve ocupar o nosso pensamento? Tudo aquilo que for verdadeiro, que for respeitável, que for justo, que for puro. E isso se torna possível quando resgatamos a liderança de um "eu" saudável. Essa não é uma simples frase, mas uma decisão que precisa ser tomada e transformada em atitude. É preciso resgatar a liderança do "eu" saudável e superar o "eu" construído neuroticamente.

O seu "eu" é um "eu" adoecido ou um "eu" saudável? É um "eu" ligado à Sabedoria ou um "eu" distante da Luz? É um "eu" com espiritualidade existencial festiva ou é um "eu" fora da mágica cantante da existência? A resposta a essas questões poderá colocar-nos no caminho de um novo tempo, com novas decisões. "Nossos corpos são nossos jardins" — dizia Shakespeare — "e nossas vontades são os jardineiros."

Por favor, não confunda com o "eu" egoísta, egocêntrico e patológico. Falo de um "eu" que o Autor da Vida criou para ser uma pessoa, ter consciência e tomar decisões ousadas e criativas; caminhar por avenidas em busca de excelência. O Autor da Existência não nos criou para sermos apáticos nem dependentes de tudo e de todos, mas sim interdependentes.

Há uma liderança dentro de você que precisa ser descoberta, se é que quer ser curado de muitas coisas. É imprescindível você se livrar da passividade. É imperativo assumir uma nova atitude — transformar-se. "Transformai-vos" significa que é você quem tem de fazer alguma coisa. Assumir com confiança uma posição: "Eu estou sendo transformado, para que possa experimentar uma melhoria contínua."

Assim, ou o seu "eu" é um "eu" neurótico ou um "eu" saudável; ou um "eu" em harmonia com o Mestre da Vida ou um "eu" adoecido, por causa dele mesmo e de suas mazelas emocionais.

Se examinarmos a palavra "Deus", teremos "D" + "eu" + "s", com o "eu" dentro de Deus; é apenas uma maneira de dizer que você precisa "estar perdido em Deus". Isso tem a ver com a palavra "entusiasmado", ou seja, *em + theos + animus*, que significa "cheio de Deus".

O seu "eu" precisa envolver-se em uma transformação, por isso uma das leis fundamentais que devemos compreender é que a mente necessita ser permanentemente renovada. É preciso resgatar a liderança e dizer "eu tenho um 'eu' que está sendo transformado a cada dia". Assim, na caminhada pela vida, você se tornará co-autor de sua história, ao lado Daquele que a está escrevendo junto com você.

O Autor da Vida quer escrever a sua história, mas Ele não quer fazer isso sozinho, quer fazê-lo com você tomando as decisões. Com você, agindo por meio de escolhas. Com critérios, para se tornar o co-autor dessa história.

Não deixe as pessoas negativas escreverem a sua história. Não deixe as neuroses masterizarem as suas canções. Não deixe os conflitos determinarem o seu destino. Não deixe o *diabolus*, "aquele que divide", mapear os seus caminhos.

Não deixe que as circunstâncias liderem sua vida. Ser liderado pelos problemas não é um bom agouro, mas usá-los para redefinir rotas é a marcha dos sábios. Sábio não é o que jamais comete erros, mas o que usa seus erros para crescer. Determine-se a avançar sempre, com problemas ou sem problemas, com críticas ou sem críticas. Defina uma visão. Permaneça em descanso interior.

Creia! Confie! Peça!

Objetivo Definido

Aquele que põe a mão no arado e olha para trás
não é apto para o reino de Deus.

— Lucas 9,62

O reino da Vida é conquistado pelos valentes; os tímidos e os covardes ficam de fora. Você tem de ser maior que os problemas, maior que os desafios, maior que as críticas. Pois, a menos que recrie suas atitudes e ações, não estará pronto para viver. Na verdade, nem estará vivendo, mas passando pela vida.

Viver é ser transformado pela renovação da mente, criando pensamentos de possibilidades. Viver é ser capaz de ser líder da própria história, isto é, não se conformar, mas se transformar. É decidir que não vai ficar na platéia, assistindo a um mundo patológico, e conformado com o que está sendo proposto.

Viver é assumir ousadamente a autoria da própria história, exigindo mais de si mesmo no ato de se transformar pela renovação dos pensamentos, a fim de experimentar qualquer que seja a boa, agradável e perfeita vontade do Autor da Vida.

E quando age assim, você começa a mudar e entender que a vida é de uma grandeza espetacular.

Quando passa a dizer "eu vou transformar todas as coisas que ocupam os meus pensamentos, de modo que tudo seja bom, respeitável, verdadeiro, amável e de boa fama", você se torna capaz de construir e seguir metas. Você terá alvos porque está mudando seus pensamentos.

Você será capaz de fazer escolhas para atingir suas metas, portanto é importante decidir por novas escolhas.

Há muita gente vivendo na apatia. Viver é fazer escolhas, é decidir corretamente, é saber o que você quer. Trace então novos caminhos para atingir suas metas.

Afirmar com confiança "eu vou transformar meu pensamento e resgatar minha posição dentro do plano e do projeto do Autor da Existência" não significa uma vida sem conflitos, mas ter consciência de que, não importa a escolha que fizer, você irá enfrentar tanto perdas quanto ganhos.

Não existem vitórias sem derrotas; quem não aprender a perder nunca valorizará o que significa vencer. Nós precisamos aprender que a vida humana está carregada de escolhas, de problemas e de soluções.

Não há vida humana sem desertos, mas nos desertos existem possibilidades. Um deserto pode ser definido como o lugar onde terminam as possibilidades do homem e começam as possibilidades das criaturas de fé.

É onde você chega aos seus limites e redescobre as forças interiores da fé e da esperança. Já foi dito que "os grandes navegadores devem às tempestades as suas maiores epopéias".

Quando você diz que "não tem mais jeito", surge então aquela força existencial antidialética que diz "agora é comigo". É maravilhoso compreender que a vida é, na realidade, viver nessa luta permanente, em que é preciso aprender a fazer escolhas e pedir sabedoria. Por quê? Porque a transformação começa com a mudança a partir de dentro e em meio a todas as situações. Mudar implica assumir a liderança de seu novo "eu", resgatando-o.

É plausível reconstruir a própria história de vida dentro do propósito do maravilhoso Criador do Universo. Você, sabendo que vai conseguir porque está com a mente em transformação! Porque quer e vai experimentar a boa, agradável e perfeita vontade de um Pai Criador!

A maravilha é que o ser humano é uma jóia da criação, habilitado com uma inteligência capaz de tomar decisões e corrigir rotas. Capaz de corrigir caminhos sociais, profissionais e afetivos.

Existem pessoas que passam por conflitos e entram na caverna da autopiedade. Não fazem um levantamento de suas vidas, buscando novas pistas e novos rumos. Elas se conformam com as coisas como são, em vez de serem transformadas a partir de dentro, decidindo desde seu interior.

Pensar é transformar-se.

— Augusto Cury

Nesse caso, a primeira coisa a dizer seria: é tempo de tomar decisões saudáveis e transformadoras. Há uma frase no filme *E o vento levou*, dita no momento em que a protagonista toma a decisão de não se conformar com as coisas, que é um grande exemplo de decisão: "Amanhã será um novo dia."

Quando ela diz que "amanhã será um novo dia", está abrindo as portas para o reino das possibilidades, e o primeiro passo é a tomada de novas decisões. "Eu não vou ficar sofrendo todos os problemas que o vento levou; vou assumir a minha história e resgatar a liderança do 'eu'" — foi essa a atitude que ela teve diante daquela situação, portanto *tudo pode mudar.*

"Transformai-vos pela renovação da vossa mente" e "Não vos conformeis" são frases libertadoras afirmadas por Paulo, o cristão do primeiro século. É um encorajamento que aponta para o seguinte: todos nós somos capazes de tomar decisões e corrigir rotas na vida, sendo gestores de pensamentos criativos.

Devemos ensinar nossos filhos a tomar decisões e corrigir as rotas, baseando-se em novos mapas da existência. Por exemplo, numa prova de matemática seu filho tirou a nota mais baixa da classe. Ele pode ficar resmungando contra o professor, contra a matéria e contra si mesmo, reafirmando velhas crenças falsas (tais como "eu não nasci para a matemática") e aceitando a derrota, ou seja, vai permanecer encalhado naquela circunstância. Ou ele pode corrigir as rotas pedagógicas e assumir uma nova posição, com determinação, dedicação e disciplina, delineando assim um novo futuro.

Se não ensinar a seus filhos coisas importantes, como corrigir rotas em todas as áreas da vida, você estará lhes fazendo um grande mal, um mal que refletirá inevitavelmente no futuro deles.

Tomar decisões e, assim, resgatar a liderança interna de si mesmo — eis o fator que leva ao triunfo nas avenidas da existência!

Criar é Fazer

Pensar não é apenas a ameaça de enfrentar
a alma no espelho: é sair para as varandas de si mesmo
e olhar em torno, e quem sabe finalmente respirar.

— Lya Luft

A qualidade de vida interior começa com esta primeira lei: *resgatar a liderança interna do 'eu'* com uma nova espiritualidade. Assim a pessoa poderá participar do projeto para o qual nasceu.

Os primeiros cristãos cunharam declarações majestosas que têm tudo a ver com o que estamos afirmando, e elas fizeram a diferença. Por exemplo: "Somos mais do que vencedores", "Ele sempre nos conduz em triunfo, em Cristo Jesus", "Tudo eu posso Naquele que me fortalece"; finalmente, "Eles, pois, venceram" e "Da fraqueza, tiraram forças".

O *segredo* está em assumir posições internas a partir, não de um "eu" doente e egoísta, mas de um "eu" que descobriu e reconheceu seus limites e suas falhas, de um "eu" que está reconhecendo suas atitudes erradas, muitas vezes incoerentes.

Não sei quanto você já errou ou falhou, no entanto há uma boa notícia: falhar não significa fracassar, mas ter tentado, com a possibilidade de novos começos.

Fracassar não significa que você seja uma pessoa derrotada, significa simplesmente que ainda não foi bem-sucedida. Errar significa que você pode aprender alguma coisa. Se não deu certo, é porque precisa tentar outra vez e de maneira diferente. Superar perdas é escolher e assegurar um motivo suficiente para recomeçar com mais vigor e determinação.

Jamais receie cometer erros, receie sim não arriscar com mais desprendimento e disciplina. Eis a boa notícia: você pode mudar e abraçar novas escolhas, desenhando inovadores mapas do território de seus pensamentos.

Acredito que todos nós gostaríamos de ter sabido há vinte anos o que sabemos hoje. Eu mesmo teria mudado muitas rotas e feito outras escolhas. É claro, teria sofrido bem menos, mas não teria aprendido tantas coisas. Mas isto fica claro: na estética do envelhecimento, nós mudamos.

O Sol é o mesmo, mas o brilho de sua luz reflete de modo diferente durante as fases do dia, mesmo quando bate sobre os mesmos objetos. E assim é a vida, em cada fase você a lê com novos olhos.

Além disso, a compreensão da construção dos pensamentos e da formação de nossas idéias é um estudo bem recente. As neurociências estão coletando novos dados e chegando a novas conclusões nestes últimos anos.

A Psicologia Multifocal tem trazido sua contribuição a esse monumental assunto. É bom saber que estamos avançando na compreensão de como somos e como funcionamos no jardim do pensamento.

Como em nenhuma outra época, há uma busca de abrangência prática sobre a biologia da mente e suas dimensões a serviço da qualidade de vida.

O que é semelhante, tanto na sabedoria antiga dos povos como na atual ciência, é a afirmação de que podemos mudar nosso destino, começando pela transformação de nossos pensamentos.

Como podemos, dentro de nós, reconstruir pensamentos que vão produzir uma qualidade diferente de vida exterior? A resposta a essa questão é importante, pois bons pensamentos geram hábitos saudáveis e alteram o destino das gerações futuras.

Se considerarmos a mente humana como um grande teatro, é possível afirmar que, por causa da fragilidade do "eu" em atuar em si mesmo, a maioria das pessoas fica sentada na platéia, assistindo passivamente seus conflitos e misérias psíquicas sendo encenados no palco (Cury, 2004). A saída é começar a reconhecer nossas falhas, nossos erros e nossa maneira errada de pensar, e decidir subir ativamente ao palco da nossa história, como co-autor e ator de um novo roteiro.

Espiritualidade é transformação!

É não se conformar. É superar as deformações e simples formações e conformações, indo para a *trans-formação*.

O que significa alguém que não se conforma e transforma sua mente? É alguém que é capaz de não desistir da vida, mesmo diante das perdas, mesmo diante das dificuldades, mesmo diante das decepções. Que acredita na vida *apesar de...*

O grande mal em qualquer um de nós é desistir diante de alguma perda. Ao confrontar-se com as dificuldades, desiste. Quando sobrevém nova decepção, desiste. No entanto, toda pessoa bem-sucedida sabe que o que separa o vencedor do perdedor é uma única decisão — seguir em frente.

Sem constante revisão, checagem e constância, os grandes projetos são reduzidos a nada.

Decisão não é ausência de medo, é a presença de uma escolha — um pensamento, um sonho, que convoca você a ir além do lugar em que está, além das próprias conquistas passadas.

A sociedade atual está precisando de homens e mulheres que não desistem, pois eles sabem que o Universo inteiro conspira a favor de quem acredita e está determinado a avançar. A Inteligência Infinita jamais desiste de criar e maximizar caminhos de esperança para você, enquanto espera sua decisão.

Mas é imperativo mudar a mente, é indispensável mudar por dentro. Quando alguém desiste por fora, é porque antes já o fez por dentro.

A razão de tantos indivíduos terem desenvolvido doenças de origem emocional e somatizado em seus corpos tais mazelas, é que já desistiram de confiar, de reeditar a esperança e de maximizar potenciais.

Quando a pessoa desiste em seu interior, abre caminho para as enfermidades. Quando chega um surto de gripe, ela é a primeira a pegá-la. Essa se chama a Lei da Atração. A pessoa já tinha ensaiado o *show* no palco da mente, só faltava chegar o coadjuvante.

É perigoso desistir de vencer. Tudo isso conduz a uma verdade simples e clara — *qualidade de vida não é um acidente.*

No palco dos pensamentos, ser prisioneiro de crenças negativas e de mentiras, acreditando que elas são verdades, é um péssimo negócio. A história humana tem ensinado uma inequívoca verdade — *o sucesso, acompanhado de qualidade de vida, deixa vestígios.* Pessoas notáveis que conseguiram resultados evidentes fizeram coisas específicas para criá-los e produzi-los.

> *Plante fé, colha milagres.*
> *Plante fé, colha possibilidades.*
> *Creia, peça, receba, celebre e agradeça.*

O "eu" é o grande agente de mudança (Cury, 2004). Mesmo vivendo em uma sociedade que se diz livre, nunca houve na História tantos escravos no território da alma. É claro que todos têm falhas e limites. Mas quantos de nós não são prisioneiros do medo, da timidez, das irritações e das preocupações com o futuro? Estamos, mais do que em outras gerações, envelhecendo rapidamente no solo das emoções.

O corpo vive a estética do envelhecimento, é verdade. Mas, há um lugar no qual você pode decidir não envelhecer — é no mundo das idéias, no jardim das emoções.

Cultivar nosso Jardim

É difícil ficar zangado quando se está rindo.

— Anthony Robbins

Manter-se jovem no território interior é uma escolha sábia. Envelhecer é um fato, crescer em sabedoria é uma escolha.

Envelhecemos de qualquer jeito, quer fazendo algo, quer não fazendo nada. Mas crescer em sabedoria é uma decisão que rejuvenesce nossa interioridade.

Nossa postura interior se manifesta em nosso exterior. "A alegria do coração aformoseia o rosto."

Disse Henry Ford: "Pense que você pode, pense que você não pode; de um jeito ou de outro, você estará certo." E disse Schüller: "Sim, você também pode ser um sonhador e um realizador se quiser remover de seu vocabulário uma palavra: Impossível."

Na tradição judeu-cristã, temos um grande exemplo de qualidade de vida com espiritualidade interior e rejuvenescimento. Calebe passou 45 anos de sua vida no deserto, rumo à Terra Prometida. Tinha uma visão e uma dedicação aos seus sonhos e metas.

Não se deixou abater pelos maldizentes, mesquinhos e resmungões, superou as perdas e frustrações, e resgatou a liderança do "eu" em seus conflitos no deserto. Assumiu votar com a minoria, por convicção de caráter.

Encorajou os vacilantes. Nas adversidades, tinha fé em seu Deus. Preferiu rejeitar o lucro imediato, na espera dos resultados no longo prazo.

Resultado: não envelheceu no território das emoções e o jardim de seus pensamentos não deixou de receber orvalho. Isso trouxe a seu corpo uma saúde perfeita. Já bem idoso, diria: "Sinto-me agora tão jovem como há quarenta e cinco anos, pronto para a batalha. A força ainda está em mim."

Calebe jamais envelheceu. Foi um velho turbinado com fé e com metas e perspectivas para o futuro. Seus hábitos eram fruto de suas ações; suas atitudes eram fruto de suas decisões; e suas escolhas eram fruto de suas emoções-pensamentos.

Paixão + Fé + Coragem = Sabedoria Empreendedora.

A fé, confiança, esperança e persistência de Calebe fizeram com que afirmasse que estava tão forte como "há quarenta e cinco anos". O que surpreende é que ele já estava com 85 anos quando fez essa afirmação.

Tu és o meu refúgio;
tu me preservas da angústia;
tu me cercas de alegres cantos de libertação.

— Salmos 32,7

Chamamos a isso "determinação interior". Qualidade de vida, por dentro. Calebe pôde expressar no deserto exterior o oásis que tinha no território de seus pensamentos e emoções. Imagine quantas dificuldades ele teve de enfrentar, além de vagar no deserto com um povo negativista e reclamador. Pense em cada um de seus dias, enfrentando pessoas pessimistas e cheias de murmurações sem conta.

Mas ele venceu!

Dia após dia, durante quarenta anos, tomando a decisão de perseverar em seus sonhos e metas. Gerenciando seus pensamentos, administrando suas emoções, procurando reeditar os filmes autodestrutivos dos companheiros de jornada.

Apesar de tudo, Calebe expressou decisão, determinação, dedicação, disciplina e desprendimento.

Quanto equilíbrio precisou ter por dentro! Quanta coragem, quanta visão de fé crescente no Autor da Vida! Ele resgatou a liderança do "eu" e possibilitou que, do solo fértil nos recônditos de sua alma, brotassem os sonhos que seu Deus havia plantado.

Os sonhos jamais morrerão dentro de você se você cultivar a esperança nas possibilidades do amor criativo do Pai Nosso, anunciado pelo Mestre dos Mestres. "Voltar-se para uma fé renovada no Autor da Vida" não são simples palavras, é uma escolha da mente transformada, que teve seu interior mudado, que abriu caminho para o resgate do "eu".

A Chave do Triunfo: Domínio Próprio

Na chave certa, alguém pode dizer qualquer coisa.
Na chave errada, nada: a única parte delicada
é a escolha da chave.

— George Bernard Shaw

Quando você enfrentar perdas e decepções, lembre-se do seguinte: que aquilo que está em você é maior do que aquilo que está fora. Essa é uma interioridade mudada.

"Mente transformada" significa você ser capaz de ter domínio próprio. Ou seja, ter uma mente com pensamentos que geram saúde em abundância criativa e produtora de paz.

Há um belíssimo texto escrito pelo sábio Salomão: "Aquele que conquista seu próprio interior é maior que aquele que conquista uma cidade."

Embora conquistar uma cidade seja algo extremamente difícil, gerenciar pensamentos e ser gestor das próprias emoções é tarefa ainda mais complicada. É mais difícil você dominar a si mesmo do que dominar uma cidade, pois, nesse caso, você é o prefeito de si mesmo. Quantas das ruas e avenidas de nossa cidade interior estão mal pavimentadas e mal cuidadas!

Muitas vezes criticamos nossos administradores por descuidarem das avenidas de nossa cidade, enquanto isso, dentro de nós, há longas estradas cheias de erosão, com valas e mais valas de negativismo e pensamentos neurotizantes, ansiedade, medo, irritabilidade, intolerância, timidez, *stress* e depressão.

Aparentemente, existem muitas pessoas que estão bem, mas por dentro trafegam por imagens de derrota, por vielas e favelas psíquicas. Muitas habitam em setores que não passam de verdadeiros depósitos de lixo emocional.

Há gente que não mora próximo ao lixão da cidade, mas mora com os refugos dentro de si, acumulados ao longo dos anos. A pessoa pode estar dormindo na melhor cama do mundo, na casa mais luxuosa da cidade, mas a sua psique passa a noite toda em becos sombrios e sem saída.

Algumas têm dinheiro no banco, mas continuam mendigando o pão da alegria e do significado. Podem ter dinheiro sobrando na poupança, mas estão com uma dívida interna; estão em dívida com suas emoções.

Portanto, aquele que domina sua mente é maior do que aquele que conquista uma cidade.

O sábio Salomão afirmou ainda: "Quem não domina seu interior é como uma cidade sem muralhas que está sitiada."

Esse é um problema do ser humano. Se não tem uma mente mudada, uma mente transformada, você é como uma cidade sem muralhas que está sitiada. Essa é a razão de muitas pessoas darem a dimensão de um grande problema a qualquer dificuldadezinha. Qualquer fagulha vira um incêndio de grandes proporções, qualquer copo d'água vira uma tempestade.

Há quem passe a semana toda como uma cidade sem muralhas, sendo atacada por todos os lados, sem qualquer resistência inteligente. Qualquer coisa que lhe falem, a pessoa já fica deprimida. Ela é como uma cidade sitiada e sem defesas.

Existem pessoas que, só pelo fato de alguém não olhar para elas, sentem-se desprezadas e despejam todos os seus pensamentos no lixo interno, concluindo: "ninguém gosta de mim". Entram na toca do "ninguém gosta de mim" e acabam maximizando o "complexo de gambá", afastando-se de todos.

Domínio próprio significa você não ser controlado pelo ambiente, não ser controlado pelas circunstâncias e, para dizer a verdade, não ser controlado nem pelos seus conflitos internos.

A mente renovada diz "eu não vou ficar assistindo os lixos-atores no palco dos meus pensamentos, não vou ser um coadjuvante das mazelas emocionais no meu teatro interior. Quero e decido experimentar a boa, agradável e perfeita vontade do Autor da Vida."

> *Se você faz o que sempre fez,*
> *conseguirá o que sempre conseguiu.*
>
> — Anônimo

Mas para que isso aconteça, você precisa mudar sua mente, gerenciando-a melhor. Não se conformando, mas transformando-se.

Resgatar tudo o que é puro, verdadeiro, respeitável, justo, amável, de boa fama e, se houver alguma virtude e se existir algum louvor, que sejam eles a ocupar o nosso pensamento.

Resgatar a liderança de um "eu" transformado e com uma espiritualidade saudável é descansar nas promessas da Sabedoria Criadora; é ser capaz de liderar a si mesmo antes de liderar os outros.

A pessoa mais difícil de você liderar é você mesmo. E o mais difícil de você liderar em você mesmo é o que você fala. Para liderar sua língua, você precisa liderar seus pensamentos.

Quando uma pessoa fala sem administrar suas emoções, torna-se um vulcão expelindo lixo emocional. Abrir a boca, com uma rede de sujidades interiores, é a conseqüência de quem perdeu a liderança do "eu" no palco da mente.

Um Novo Sentido

E no meio de um inverno, eu finalmente aprendi
que havia dentro de mim um verão invencível.

— Albert Camus

A vida que Deus nos deu para viver é lindíssima. A vida é grandiosa, bela, indefinível. Mas muitas pessoas perderam o sentido da beleza da vida; esqueceram o projeto maior do Criador. Quando Ele criou a vida, pensou em possibilidades infinitas.

Portanto, é urgente parar de ver a vida com olhos de derrota. Olhar para as circunstâncias é ser realista, entretanto a fé nos habilita a olhar através delas, e isso nos livra dos tropeços.

Aprenda a ver as circunstâncias com olhos de multifocalidade, e elas abrirão caminhos para a realização e a transformação da realidade.

Se você encarar a vida segundo o Manual do Fabricante, perceberá que ela foi criada para ser uma celebração, pois a existência é para ser festejada.

O Mestre da Vida veio ao mundo para nos ensinar de novo essa arte de viver (Cury, 2001). A arte de se encantar com a existência, como um dançarino feliz bailando no ritmo do Maestro Maior.

Viver é expressar a alegria efusiva do Mestre dos Mestres, o Gerador da Alegria. Ele não veio para fundar uma nova religião, mas para nos ensinar a ser novamente humanos. E isso quer dizer entrar em uma significativa espiritualidade transformadora.

Em geral, as pessoas estão de algum modo decepcionadas com o que acontece nas religiões, pois não se sentem felizes. Há um sentimento comum de que o ser humano deste século perdeu seu centro de gravitação. Há, no fundo, uma coisa clamando por mudança, um sentimento de que fomos feitos para algo mais.

O que pode estar ocorrendo é uma grande confusão entre religião e espiritualidade. Jesus criticou a pobreza espiritual dos religiosos de seu tempo, e hoje não é diferente.

A vida com o Mestre da Vida é outra coisa, pois viver com espiritualidade saudável é ter uma mente transformada, construir novos pensamentos, preencher a mente com novas atitudes e agir segundo um novo paradigma de hábitos.

E, em meio a tudo isso, descobrir o segredo do "estar aí", o segredo dos segredos: a intimidade de dimensão totalizante — espiritual, física, mental, emocional, social e ecológica.

Em relação ao segredo de existir neste confuso planeta, há um espetáculo que nos espera. É hora de redescobrir alguns princípios práticos ou as leis da qualidade de vida. Sabedores de que tudo começa no território da mente e das emoções, podemos ter esperança de dias melhores. Cada um de nós pode tornar-se um especialista na arte de viver.

No livro *O Futuro da Humanidade*, de Augusto Cury, há um interessante diálogo entre os personagens:

— Qual a diferença entre ser poeta e ser poeta da vida?

— A diferença está em que o poeta faz poesias e o poeta da vida faz da vida uma poesia.

Por isso todo poeta deve ser, antes de qualquer coisa, um poeta da vida.

Talvez você nunca pegue o lápis e escreva uma poesia, mas pode escrever em si mesmo e a cada instante uma poesia que será lida por todos aqueles que cruzarem seu caminho.

Podemos aprender a viver no teatro da vida com mais sabedoria. Fomos aqui colocados para cumprir uma missão e deixar nossa marca no mural da História.

Lembre-se de que você está matriculado na Escola da Existência e viver é uma disciplina obrigatória nessa escola; há outra opção... mas eu não diria que é a melhor. Viver é uma arte a ser aprendida e, dentro dessa arte, a sabedoria é uma ótima escolha para nos ensinar a conviver e ter um modo melhor de pensar.

Falta a nós ter um caso de amor com a própria vida, apaixonarmo-nos pelo Criador e pela humanidade. O segredo das pessoas com êxito que deixaram sua marca no mural da história da humanidade foi este: elas eram apaixonadas.

Paixão pela vida é a
receita dos vencedores.

Elas não se deixaram vencer pelas circunstâncias, mas assumiram os desafios e as lutas de seu tempo, plantaram esperança no território do desencanto e rejeitaram levar para o túmulo a riqueza de seus potenciais.

Brilharam, e suas luzes até hoje estimulam nossas luzes a brilharem também.

Qualidade de vida tem a ver com apaixonar-se pela própria arte de ser. Apaixonar-se pelo Criador é saber que a vida foi dada por Ele, e cada um dar o melhor de si é a melhor maneira de honrar com gratidão o privilégio de ter sido chamado a estar aqui.

Pensemos assim: "Ele me deu a vida e quer que eu a viva da melhor maneira possível."

Essa magnitude transformadora pode ser mais bem entendida na ênfase dada por Paulo, o cristão do primeiro século: "Experimenteis a boa, agradável e perfeita vontade de Deus." Nessa frase podemos dizer que "experimenteis" significa a realidade prática e concreta; "boa, agradável e perfeita" seria a mente e a emoção transformadas em atitudes. E tudo isso tem uma fonte regeneradora — *renovar a mente*.

O maravilhoso *show* no teatro da vida humana diz o seguinte: fomos criados para, nesta breve existência, levar uma vida boa, agradável e em completude.

O Maestro da Vida

Use o instrumento errado ou a seqüência errada,
e conseguirá o resultado errado.
Use o certo, e conseguirá maravilhas.

— Anthony Robbins

Todos somos atores no teatro da existência, não coadjuvantes de problemas. Somos atores que deveriam assumir o fato de ser autores da própria história, sob a regência do Maestro da Vida, a Inteligência Infinita.

Alguns também identificam o Maestro como a Fonte Inspiradora, a dádiva maior que, ao nos ajudar em nossas fraquezas, multiplica as forças onde elas são mínimas e maximiza o pouco, tornando-o superabundante.

Lembre-se do seguinte: a vida que pulsa dentro de você, independentemente de seus erros e acertos e de seu *status* cultural, é uma jóia única no teatro da existência.

Quando o Autor do Universo nos criou, deu-nos um polegar. Se você olhar para seu polegar, se o fotografar, verá que ele tem marcas e essas marcas são únicas. Seu polegar é testemunha de um propósito único em sua vida.

A sua impressão digital é única no planeta Terra — única dentre as digitais dos seis bilhões de pessoas vivas e dentre as de todas as que já passaram pela história humana.

Nunca existiu uma digital igual à encontrada em seu polegar e jamais existirá. Sabe por quê? Porque o Autor da Vida assinou um contrato exclusivo com você, declarando que sua existência tem um propósito original, com potenciais únicos.

Você é singular; então, também sua vida é singular no teatro da existência. Você foi criado para ser você mesmo, não outra pessoa.

Lembro-me de quando era adolescente; eu queria ser igual aos outros. Queria tanto ser igual aos outros que comecei a imitar quem eu admirava, mudando até meus gestos e minha voz. Mas chegou um dia em que pensei: "Se eu for igual aos outros, quem será igual a mim? Não fui criado para ser o que os outros são, mas, sim, para ser quem eu sou e devo ser. Se for igual aos outros, vou ficar com saudades de mim mesmo."

Se você tiver uma conversa com Deus, Ele sem dúvida lhe dirá: "Eu não o criei para ser como os outros; eu o criei para que você seja você mesmo. Eu o amo como você é, único no teatro da existência. Se for igual aos outros, vou ficar com saudades da pessoa que criei."

Apaixone-se pelo plano e projeto do Pai Nosso (Cury, 2007). Tenha claro em sua mente que cada ser humano é um mundo a ser explorado, conhecido e compreendido. Cada um tem dentro de si uma história maravilhosa a ser buscada. Você possui um solo que precisa ser cultivado e vários ambientes que precisam ser descobertos.

Cuidado com o que planta no solo de sua existência. Cuidado com este mundo que deforma e destrói.

Cultive melhor o jardim de seus pensamentos. Limpe o solo a ser arado; adube o terreno do coração.

Faça uma limpeza mais aprofundada nos arquivos de sua mente, ali onde se acumulou o lixo dos pensamentos de péssima qualidade durante dias, meses e anos.

Abrir Novas Janelas

*O caminho mais curto para o sucesso
é sempre tentar mais uma vez.*

— Thomas Edson

É preciso termos reações mais saudáveis e sermos mais rápidos ao reagir positivamente, para que atitudes negativas não venham a fotografar malefícios emocionais.

A Psicologia Multifocal afirma que temos cinco segundos para reagir antes de arquivarmos algo na memória. Isso significa que, se você não duvidar das idéias negativas e criticá-las com rapidez, será inevitavelmente vítima de suas mazelas.

Seja rápido no gatilho. Quando alguém lhe disser "você é um fracasso", responda "sou mais do que um vencedor perante Aquele que me fortalece".

Existem pessoas que dizem a si mesmas que "nada dá certo para mim; já tentei, mas simplesmente não consigo". O problema é que essas frases-idéias tornam-se crenças — de fato, são mentiras —, das quais temos de nos livrar, senão elas encarceram nossas emoções. Quantas dessas pessoas se tornam reféns das falsas crenças por não reagirem a tempo!

Determine-se a duvidar das negatividades. Declare diariamente "tudo posso Naquele que me fortalece". Procure reagir com mais rapidez antes que qualquer pensamento negativo consiga se enraizar no solo da memória.

Ao tomar posições seguras e saudáveis, com serenidade e equilíbrio, celebre uma espiritualidade terapêutica, mesmo em meio a desafios.

Examine o que você tem cultivado no solo de sua alma e determine-se a ter ações, atitudes e hábitos de boa qualidade. É necessário resgatarmos a liderança do "eu" e reflorestarmos o território da mente, plantando novas árvores de esperança.

Resgatar um "eu" saudável é facilitado pelo trabalho da Inteligência Infinita, em conexão com as promessas de possibilidades disponíveis no catálogo do Universo. Eis uma frase que nos ajuda a direcionar esse resgate: "Que tudo aquilo que for verdadeiro, respeitável, justo, puro, amável, virtuoso e de boa fama ocupe meu pensamento."

Reurbanize a cidade de seus pensamentos, pois quando você lê sua memória, em milésimos de segundo bilhões de informações são imediatamente acessadas. Portanto, os caminhos devem estar desimpedidos. É por isso que a construção dos pensamentos é um fenômeno fascinante e multifocal.

Cada vez que cria uma idéia ou tem uma percepção das coisas, você está sendo um artista, pois em seu interior acontece uma construção fenomenal de possibilidades.

Imagine quantas possibilidades há dentro do cérebro humano! E, de repente e criativamente, você, como gestor de idéias, tem a chance de agir como um artista da vida. Esse é um maravilhoso chamado do Criador.

Em primeiro lugar, posso afirmar que a grande Lei da Qualidade de Vida é você ser co-autor da sua própria história.

Escolha enxergar a grandeza da existência que o Autor da Vida lhe deu; nunca mais diminua seu próprio potencial. Pare com os sentimentos de inferiorização. Dê um *stop* no hábito de ter pena de si mesmo.

Você faz parte do projeto da Inteligência Infinita; é uma criação com potenciais ainda a serem realizados; é o alvo do amor Divino. Seja humilde, mas não inferior. A palavra "humildade" provém de *humus*, "terra", por isso seja o que você é.

Você é alguém que o Criador ama.

Lembre-se de que você é a meta do Coração Divino, uma criação com infinitos potenciais. E, apesar de seus erros e falhas, mesmo sendo contraditório, paradoxal e complicado, você é fruto do Amor; você é um artista no teatro da existência.

Em segundo lugar, você precisa saber que, em essência, somos todos iguais; na essência das possibilidades, somos iguais. Mas o Autor da Vida lhe deu a possibilidade de ser maravilhosamente singular.

Você tem um cérebro; é um ser capaz; possui dons, vocações e habilidades diferenciadas, mas, mesmo assim, lá na essência é um ser humano. Somos iguais na singeleza das possibilidades.

Em terceiro lugar, você precisa aprender a resgatar sua liderança interior; não deixe os outros decidirem sua vida. O que isso significa? Que nosso "eu" representa nossa consciência; significa que você sabe criticar, decidir e determinar os mapas que orientam seu andar. Quando digo "eu", estou falando da nossa identidade individual; o "eu" não é só o pensamento e a emoção.

Esse "eu" que o Criador fez é você.

Esse "eu" que é capaz de analisar as situações, duvidar das coisas, criticar as idéias que não constroem, fazer escolhas com sabedoria, exercer o livre-arbítrio, corrigir as rotas futuras, estabelecer metas, administrar as emoções e governar os pensamentos, não pelas circunstâncias, mas pela vontade.

Você pode edificar seus pensamentos para que eles sejam governados pela Sabedoria Infinita, pelo Espírito Eterno, pela glória de Sua presença, pela bondade ilimitada de Seu amor. Porque há um poder maior que toda e qualquer circunstância.

Plante fé e colha milagres!

Concentre-se nos problemas e você tropeçará,
concentre-se nos propósitos do Autor da Existência
e seus problemas sumirão.

Tenha o coração cheio de gratidão e honre o Criador do Universo. Faça-o em cada momento de sua vida, apesar das circunstâncias.

Na espiritualidade cristã há um ensino que surpreende. É um conceito encorajador de Paulo, o cristão do primeiro século: "Cristo vive em mim". Em seguida, ele afirma que "A vida que agora vivo, vivo pela fé". A lição que ele nos transmite é: a possibilidade de transformação do "eu", que assume uma nova postura e recria-se no agora, rumo a um corajoso futuro.

Uma pessoa indecisa, sem estrutura e sem maturidade, torna-se um problema muito sério para si mesma. Uma pessoa impulsiva, ansiosa, escrava dos pensamentos e das emoções destrutivas vive em desalento no deserto da alma.

Quantos estão vivendo em escravidão interior! Quantos estão vivendo na indecisão e insegurança! Enfim, há muita gente vivendo na impulsividade. Vivem de modo deprimente por se recusarem a assumir uma posição baseada em uma vontade livre, em um "eu" resgatado, ator e autor de uma história no teatro da vida.

A Hora da Decisão

Não temas desistir do bom para buscar o melhor.

— Kenny Rogers

Assuma, portanto, a seguinte decisão no que diz réspeito à sua espiritualidade: "Eu quero cumprir o plano e o projeto de Deus em minha vida; quero tomar posições. Decido libertar-me do 'eu' doente."

Decido querer um 'eu' saudável significa maturidade e tomada de posição, mesmo no terreno do conflito. Significa segurança no terreno do medo. Significa viver livre da escravidão, apesar dos cárceres emocionais.

Existem tantos intelectuais cheios de conhecimento, mas vazios de decisões saudáveis em relação a si mesmos e a suas histórias pessoais!

Quantos altos executivos administram grandes empresas e equipes produtivas, mas têm um "eu" doente e imaturo, com sentimentos totalmente inconfessados!

Há gritos que não são ouvidos, porém, mais cedo ou mais tarde, eles se tornam males psicossomáticos. De acordo com a multifocabilidade, afirmamos a necessidade de uma terapia *trans-psico-somática*, isto é, que vá além da psique e do soma (ou físico), e chegue ao espiritual. É tempo de resgatar uma inteligência espiritual *trans-formadora*.

Você é um construtor de pensamentos.

Está construindo seu "eu" interior quando elabora seus pensamentos. É por isso que cuidar da qualidade dos pensamentos torna-se necessário para você criar emoções de boa qualidade e hábitos valiosos e inspiradores.

A metáfora da "cidade dos pensamentos" é muito inspiradora quando você for praticar o resgate da liderança do "eu". Lembre-se de que "aquele que domina a sua mente é maior do que aquele que conquista uma cidade".

Comece imaginando que sua mente é uma cidade. A construção dela foi determinada por vários fatores, como carga genética, ambiente educacional e social, influências familiares e mais tudo aquilo que você ouviu os outros falarem. A cidade foi construída, sim, mas quem decide o que permanece nela é você.

Repita com coragem: "Transformai-vos pela renovação da vossa mente." Comece então a criticar tudo aquilo que não vale mais a pena em sua vida.

Acredite que você é autor de sua história.

Um Caminho de Excelência

Caminhante, não há caminho,
faz-se o caminho ao caminhar.

— Antônio Machado

O caminho é a sabedoria. A ignorância é atrevida e ousada, nada precisa ser feito para chamá-la; chega sem aviso e domina rápido. Já a sabedoria é tímida e recatada, precisa ser atraída e conquistada.

Quando falar de sabedoria, pense no Príncipe da Sabedoria, o Mestre de Nazaré. Ele sempre sabia como fazer as coisas da maneira mais integradora e inclusiva de que já tivemos notícia.

Levava seus interlocutores a pensar de modo transformador; era um criador de pensadores, não importava a situação. As suas reflexões eram sempre transformadoras e inclusivas.

Houve certa ocasião em que os homens demonstravam ódio nos olhos e tinham pedras nas mãos. Na mente, a rigidez religiosa; no coração, espinhos de mágoas. Os fracos agrediam e condenavam; os fortes celebravam a vida com gestos de perdão em um universo festivo. Nos cenários, coreografias alegres eram encenadas por "eus" saudáveis, enquanto "eus" adoecidos dançavam coreografias de terror.

O Mestre Inesquecível fez uma afirmação torpedo, deu um tiro certeiro — aquele que estivesse sem pecado que atirasse a primeira pedra.

Jesus estava dando a eles uma chance de reconstruir seus pensamentos, fazendo com que analisassem suas próprias vidas e, assim, levando-os a reavaliar a base de seus julgamentos. Uma erupção estava acontecendo no território dos pensamentos, o gatilho da memória checava, em milésimos de segundo, bilhões de informações na cidade da memória.

De repente, surge uma nova perspectiva; surgem novos conceitos, novas atitudes e novas rotas a serem corrigidas e redirecionadas a partir de dentro. As pedras caem das mãos, os passos mudam de rumo. O "eu" é resgatado e a base do julgamento muda.

Jesus olha então para aquela mulher e lhe pergunta: "Onde estão teus acusadores?" E vendo que não havia mais ninguém, diz a ela: "Ninguém te condenou, eu também não te condeno. Vai e não peques mais."

O Mestre das Possibilidades transformadoras estava, naquele momento, dando àquela mulher a escolha de um novo destino — a inequívoca possibilidade de resgatar a liderança do "eu" e sair dos cárceres do passado, reprogramando o futuro com base no Agora do Perdão. Nunca mais ela iria construir pensamentos relacionados a ela mesma, nas mesmas bases.

Na verdade, Jesus estava dizendo: "Vai e reconstrói tua vida, reconstrói teus pensamentos e emoções, determina teu destino."

O Mestre Inesquecível não desistia de ninguém. Muitas vezes nós abandonamos quem nos decepciona, mas Jesus jamais fez isso.

Se ele desistisse facilmente de quem o decepcionasse, todos nós já estaríamos condenados. Ele nunca desistiu de quem o decepcionou, mesmo quando foi frustrado por essa pessoa. Dentro de Si, Jesus possuía um território irrigado com ternura e compreensão admiráveis.

Ele era plenamente humano.

Mostrava uma capacidade de compreender e de viver a vida como ninguém. Sua vida e gestos ecoam de modo permanente, como um solene convite para que também nós tenhamos gestos de transformação.

Embora não seja a intenção deste livro advogar uma religião específica, desejo, no entanto, afirmar a clara necessidade humana de uma espiritualidade inclusiva e integradora. Com isso quero dizer que o ser humano é, *a priori*, um ser espiritual, um "carente de...", um ser transcendente, criativo e rico de possibilidades.

Este livro se limita exclusivamente a apontar pistas baseadas na Psicologia Multifocal para uma Qualidade de Vida que tenha como princípio a espiritualidade interior.

Assim, de acordo com sua própria fé e crença, cada um pode aplicá-las de maneira saudável e abrigar em seu coração o desejo de avançar por territórios inexplorados, implantados em sua mente e em seu coração pelo Autor da Vida.

Viva com qualidade interior. Esse é o segredo de ser, pensar, sentir e mudar o destino.

Deixo agora algumas frases para meditação, como exemplos do que você pode fazer para desenvolver uma espiritualidade com qualidade interior.

Para Meditar

Eu quero, em cada espaço interior, ser livre do ápice do *stress*. Quero que, em cada momento, eu seja uma pessoa transformada em minha mente. Quero vencer os inimigos internos que muitas vezes estão lutando no palco da minha vida, e que eles sejam tirados desse lugar.

Quero ter gestos que desarmem os falsos conceitos que amarram meu 'eu' saudável.

Que meu modo de viver seja como o de um artesão da existência, e que eu possa celebrar a vida para a grandeza do Universo.

Que a sabedoria de preparar caminhos de vitória e de paz seja minha meta, para que eu trilhe por novas avenidas de esperança.

Meu alvo é a liberdade do cárcere de uma intelectualidade vazia e do cárcere das emoções adoecidas.

Quero aprender com o Mestre dos Mestres a reagir com sabedoria contra as fatalidades.

Quero descansar nos braços do Autor da Vida e ver a mão do seu Espírito Infinito fazendo uma nova engenharia no espelho de minha alma.

Quero surpreender meu coração com promessas de palavras curadoras.

Quero olhar para as estruturas do meu interior e curar-me.

Quero aprender o segredo da liberdade que me faz compreender o significado de uma mente transformada.

SEGUNDO PASSO

O segredo de pensar bem: gerenciar os pensamentos com sabedoria

Existem dez fraquezas contra as quais todos nós devemos tomar cuidado. Uma delas é o hábito de tentar colher antes de semear, e todas as outras acham-se reunidas no hábito de arranjar desculpas para justificar cada erro que cometemos.

— Napoleon Hill

Gerenciar os Pensamentos com Sabedoria é:

1. Caminhar com sinceridade pelos caminhos do ser interior, reconhecendo as próprias fraquezas e limitações;

2. Governar a construção de pensamentos negativos que venham minar sua criatividade e sabotar seus projetos;

3. Ter domínio próprio em zonas de conflito; ser capaz de escolher, com sabedoria, as suas reações em qualquer situação;

4. Vencer as próprias barreiras que o impedem de ter sucesso, determinando expressar as interfaces dos potenciais;

5. Viver o aqui e agora, sem gravitar em torno dos problemas do passado nem antecipar os problemas do futuro; não achar mais desculpas;

6. Ser proativo e não deixar os pensamentos negativos dominarem;

7. Aprender a ouvir a voz interior e liberar o potencial existente;

8. Viver, amar, aprender a pensar com liberdade e não ser escravo de velhos paradigmas;

9. Ter disciplina, visão, consciência e paixão para alcançar resultados significativos.

O Grande Segredo

Viver tem seu segredo — o segredo de pensar bem. Ser cativo de pensamentos negativos é o caminho para uma vida derrotada.

Sidarta Gautama já dizia que "Somos o que pensamos". Epiteto também foi na mesma direção, "O que pensamos, somos". E o sábio Salomão escreveu, em 700 a.C., que "O que o homem pensa em seu interior, assim ele é".

Já na era cristã, Paulo escreveu que "é preciso ter a mente transformada". Em outro momento, descreveu o que veio a tornar-se o segredo cristão para uma espiritualidade saudável, ao afirmar que uma pessoa precisa tornar seus pensamentos cativos do Mestre dos Mestres. Isso significa não ser cativo dos pensamentos, mas gerenciá-los.

A Psicologia Cognitiva afirma que somos produtos de nossos pensamentos. Por sua vez, a Psicologia Multifocal tem como fundamento uma das leis da qualidade de vida: gerenciar os pensamentos.

Quem não for capaz de mudar o próprio tecido de seus pensamentos, nunca será capaz de mudar a realidade e, portanto, nunca fará progressos.

— Anwar el-Sadat

O pensamento é algo que podemos mudar; é possível gerenciá-lo. "Que tudo aquilo que for puro ocupe o vosso pensamento." "Que tudo o que for honesto, tudo o que for bom, tudo o que for de boa fama, se alguma honra e se algum louvor existir, ocupe o vosso pensamento."

Devemos colocar vigias em nossos ouvidos, e também nas emoções, para guardarem nossos sentimentos.

A boa qualidade dos pensamentos vai gerar a boa qualidade das emoções, que, por sua vez, vai gerar bons hábitos e atitudes.

Quando a sabedoria do passado falava em gerenciar os pensamentos, ela estava antecipando o que a neurociência afirma atualmente.

"Gestor de pensamentos" é uma atividade que precisa ser urgentemente exercida por nós hoje em dia se quisermos fazer desabrochar sentimentos de sabedoria, paz, tranquilidade e equilíbrio.

Esse é um dos mais fundamentais temas da Teoria da Inteligência Multifocal, estruturada pelo psiquiatra Augusto Cury e encontrada praticamente em toda a sua obra.

Portanto, uma das leis da qualidade de vida é gerenciar os pensamentos com sabedoria.

Gerenciar os pensamentos é buscar a sabedoria na tomada diária de decisões. Buscar a sabedoria é nos deixarmos dominar pela Inteligência Infinita, a mente criativa de paz e o governo transformador.

Assim há a possibilidade de nossa mente não se tornar depósito de lixo emocional. A biologia da mente tem a ver com pensamentos positivos ou negativos, que podem ou não ser uma fonte de qualidade e realização.

O grande problema com relação aos pensamentos é que você pode ter bons ou maus pensamentos. Blaise Pascal já dizia que é preciso trabalhar para pensar bem.

A mente é como um jardim, se mal cultivado produzirá péssimas flores. Por esse motivo Descartes escreveu que "é preciso cultivar nosso jardim".

E está escrito nos Evangelhos: "Orai para que não entreis em tentação." A medicina descobriu que dois fatores são responsáveis por inúmeras moléstias entre os seres humanos: a presença de hábitos inadequados e a ausência de hábitos adequados.

Os hábitos têm conexões com os pensamentos; eles estão ligados à maneira de você pensar. Por isso, a urgência de gerenciar os pensamentos com sabedoria.

O que é Gerenciar Pensamentos?

Nós não estamos nos retirando,
estamos avançando em outra direção.

— Anthony Robbins

Gerenciar pensamentos é você capacitar o "eu" para a tomada de decisões saudáveis. É pegar um pensamento e mudar seu significado. É você realmente mudar sua maneira de ver, ouvir e representar uma situação.

Gerenciar pensamentos é transformar em alavancas de sucesso aquelas experiências que muitas pessoas classificariam como limitações. Em sua forma mais simples, é mudar uma declaração negativa para uma declaração positiva.

Recentemente, li uma história que me tocou bastante. É a história de Calvin Stanley e está contada no livro *Poder sem Limites*, de Anthony Robbins.

Calvin é um garoto que anda de bicicleta, joga futebol, vai à escola e faz tudo o que os meninos de sua idade fazem. Exceto ver.

Como esse garotinho consegue fazer todas essas coisas, enquanto tantas pessoas na mesma situação vivem tristes ou mesmo desistem da vida?

Conforme fui lendo a história, tornou-se claro que a mãe de Calvin era uma mestra em gerenciar pensamentos. Ela ajudou o filho a transformar em vantagens todas as experiências que ele tinha na mente, experiências que outros classificariam como limitações.

Em um dos diálogos, a mãe de Calvin lembra o dia em que seu filho perguntou por que era cego. Ela lhe explicou que nascera assim e não era culpa de ninguém.

Quando ele questiona "por que eu?", ela diz que "não sei, Calvin, talvez haja um plano especial para você".

Então faz o filho sentar-se e lhe ensina como usar as mãos no lugar dos olhos.

Certo dia, Calvin estava muito triste porque compreendera que jamais veria o rosto da mãe. Mas a Sra. Stanley sabia o que dizer ao seu único filho:

"Calvin, você pode ver meu rosto. Você pode vê-lo com suas mãos e ouvindo minha voz, e você pode contar mais sobre mim do que alguém que consegue usar os olhos."

A história continua, dizendo que Calvin, no mundo dos que enxergam, movimenta-se com muita fé e com a inabalável confiança de uma criança cuja mãe sempre esteve ao seu lado, ajudando-o a gerenciar os pensamentos e a transformar sua limitação em uma grande alavanca de vitória interior.

Trate um homem como ele é,
e ele continuará sendo como é.
Trate-o como ele pode ser,
e ele se tornará o que pode e deve ser.

— Goethe

Mas, falar do "eu" é falar desse "eu" resgatado que você pode descobrir em seu interior. O seu verdadeiro "eu" saudável vem de uma espiritualidade madura, de uma tranqüilidade de alguém que conhece os propósitos do Criador.

Esse é o tipo de Inteligência Espiritual vivida pelos primeiros cristãos, "a vida que eu agora vivo".

Uma vida com significado.

Esse "eu" é a capacidade de decidir com consciência, é uma decisão de acordo com a vontade do Autor da Existência.

Isso significa você ser o ator principal no teatro de sua mente. É você surpreender-se e ir além do mero artista coadjuvante no palco onde dona Preocupação assume o papel principal.

É você resgatar esse papel principal no teatro da vida e dançar a valsa do coração festivo em harmonia com a Criação em júbilo.

Eu diria que, a partir de uma perspectiva cristã, é você assumir o resgate do "eu" e ter um "eu" saudável no Autor da Vida.

É, sob uma perspectiva integradora, você assumir os valores internos, com uma sensibilidade que transcende a mera racionalidade e ouve a voz do coração.

É você, em uma perspectiva transcendente, ser iluminado por uma luz que parte de dentro e o faz brincar o jogo do ser com efusiva esperança, apesar dos conflitos diários.

É você, no território dos cárceres mentais, romper os velhos hábitos e quebrar as velhas crenças. É você, na paisagem da existência, declarar vitória, sair-se vencedor, determinar-se a caminhar em direção a novos horizontes e em busca de novos cenários.

É você, no teatro da mente, ser um novo ator com um novo roteiro. É você, sob a sabedoria da Mente Infinita e sob a vitória do Mestre Inesquecível, contemplar o panorama existencial e sair da platéia a fim de dirigir o *script*.

Reescrever esse roteiro é muito salutar.

Enfim, gerenciar pensamentos é você reescrever o roteiro de sua vida, pois você não foi programado para o fracasso.

Comece Pensando em Vitória

Nada é bom ou mau no mundo, exceto pela maneira como o representamos para nós mesmos.

— Anthony Robbins

A História está cheia de roteiros que falam de vitória. Gosto de pensar que o livro do Apocalipse — que, na maioria das vezes, tem sido visto como a tragédia da História —, na verdade, fecha a cortina da História com a frase "eles venceram".

Vitória é a marca que transcendeu os fracassos e as lutas do passado. O roteiro foi mudado, os pensamentos estabelecidos com qualidade. O mais interessante é que esse texto foi escrito para um povo perseguido, discriminado, excluído e assassinado.

Era um roteiro de esperança nos solos do desespero; era um canto de amor vitorioso no território do ódio; era a transformação de pensamentos negativos em pensamentos encorajadores e de paz.

O roteiro foi mudado.

Mesmo que você ache que estava planejado você ser um derrotado, é possível reescrever, por meio da Mente Infinita, um novo roteiro, dizendo que no final você será um vencedor.

Gerenciar os pensamentos é ser livre para pensar, portanto não ser escravo dos pensamentos e assumir ser autor da própria história.

Decida transformar seus pensamentos para poder corrigir as rotas do seu destino. "Conhecereis a verdade e a verdade vos libertará", afirmou o Mestre Inesquecível a seus frágeis seguidores.

Ter seus pensamentos sob o controle Daquele que liberta significa ser capaz de ser livre para viver na alegria plena. Aprenda a construir bons pensamentos e hábitos adequados; aprenda a pensar de maneira correta e multifocal; aprenda a ter pensamentos maravilhosos.

Um dos pensamentos de Goethe retrata bem isso. Ele disse que se pensamos algo de uma pessoa ou esperamos que ela seja algo, ela será o que ela é; mas, se pensarmos no que ela poderia ser, é isso que ela será.

Quando olha para uma pessoa, você pensa no que ela é ou no que ela poderia ser?

Você sabe por que muitas vezes não temos bons pensamentos sobre as pessoas? Porque ficamos pensando no que elas são.

O Mestre dos Mestres superou todos os paradigmas errados, pois não olhava para as pessoas como elas eram, mas como poderiam ser.

Comece a olhar os outros a partir do potencial deles. Não os veja como problemas, mas como maravilhosas possibilidades.

Se nós, pais, conseguíssemos olhar assim para nossos filhos, eles chegariam a dimensões que jamais poderíamos imaginar. Mas o problema é que as pessoas andam pensando mal umas das outras.

É necessário corrigir nossas expectativas.

Um dos melhores exemplos do que estamos falando é a maneira surpreendente como o Mestre da Vida tratou seu traidor. Nunca um traidor foi tratado com tanta dignidade. Jesus jamais desistiu de Judas. O problema de Judas é que ele desistiu de si mesmo.

Quando Judas chegou ao Jardim para entregar Jesus, este o surpreendeu, chamando-o de amigo. "A que vieste?", perguntou Jesus. Nunca na História um traidor foi tratado com tanta deferência.

Na hora em que todos falharam, nos momentos em que o normal é falhar, o Mestre da Sensibilidade surpreendeu. Ele sempre demonstrava um impressionante gerenciamento de pensamentos.

Aprendendo a Arte de Surpreender-se

Devemos nos tornar a mudança
que queremos para o mundo.

— Gandhi

A arte de gerenciar pensamentos é construir outros pensamentos novos e diferentes; é desconstruir aqueles que estão debilitando e bloqueando a inteligência.

Existem jovens que vão muito bem preparados para o vestibular, mas, no momento exato, falham. Como explicar isso? O fato é que dentro deles existe um bloqueio, uma idéia diferente, uma crença falsa em mentiras psíquicas — são as sabotagens. Esses bloqueios travam a inteligência e obscurecem a lucidez.

Há, nesses jovens, uma ausência de pensamentos de vitória e coragem. Ao longo do tempo, foram sendo construídas muralhas e barreiras em seu interior.

Gerenciar pensamentos é ter a liderança de si mesmo; é ser um líder na vida. É compreender e saber que o Autor da Vida liberou a criatividade para que rompêssemos as barreiras e jogássemos fora o medo e a derrota.

Gerenciar pensamentos é adquirir um novo olhar. É aceitar que a vida profissional pode ser diferente. É determinar-se a a romper as barreiras da timidez na vida social. É ter a alegria festiva de influenciar positivamente as novas gerações.

Infelizmente, não fomos treinados o suficiente para liderar a nós mesmos.

Precisamos liderar a nós mesmos, pois aquele que lidera o seu próprio espírito é maior do que aquele que conquista uma cidade.

E aquele que não lidera a si mesmo e não sabe conduzir o seu interior é como uma cidade sem muralhas que foi sitiada — imagine um exército ao redor de uma cidade sem proteção! Quando lidera a si mesmo, você é mais vencedor do que se conquistasse uma cidade inteira.

Ao nos encontrarmos com a Inteligência Infinita, desenvolve-se o fruto chamado "domínio próprio". O plano do Criador, o plano da Sabedoria Vital, é fazer de você um Líder de si mesmo. Esse é o plano registrado nas tradições primitivas, seja a hebraica, a cristã ou outras.

O que a psiquiatria e a psicologia estão dizendo atualmente vem ao encontro do que foi dito e escrito há quase dois mil anos na tradição cristã, mas que também esteve presente na riqueza de outras grandes tradições religiosas e escolas filosóficas.

O caminho que se abre para nós é uma maravilhosa avenida de possibilidades criativas que nos enchem de encorajamento e paixão.

Compreendemos que é preciso estar libertos de nós mesmos, de nosso distorcido e malformado "eu"; é preciso nos tornar o que fomos criados para ser, ou seja, saudáveis. "Pensar bem" e com nosso "eu" saudavelmente resgatado nos coloca em paradigmas transformadores.

Se você gerenciar seus pensamentos, poderá mudar.

Gerenciar pensamentos é você deixar de ser um expectador passivo das idéias negativas; é romper com a mesmice. É livrar-se de sentimentos de desforra que fazem você se concentrar em eventos dolorosos do passado; é estar liberto das algemas da auto-imagem negativa e da autocomiseração; é filtrar o que pensa de si mesmo, usando um filtro celeste.

Lembre-se de que você honra o Criador, não quando observa seus próprios fracassos, mas quando cumpre seus projetos.

Agora, imagine sua mente como um teatro.

Quem vive assistindo as mazelas psíquicas e os lixos emocionais terá péssimos sentimentos de valor.

Cuide-se para não determinar que as rotas da sua vida se baseiem nas mazelas do seu "eu" doente, onde se aninham os conflitos e onde se abrem as janelas negativas que expressam pensamentos e crenças destrutivos.

Mandatos mentais, tais como "não vai dar certo", são comandos que param e amarram. Esse tipo de filosofia de vida torna-se o freio emocional e psicológico das pessoas.

Ao acreditar nas mentiras internalizadas, você estará assistindo a elas como se estivesse em um teatro. Ao pensar "nada vai dar certo", a pessoa acaba achando que tudo que faz vai dar errado e, quando dá certo, assume um sentimento de culpa por pensar que não é merecedora ou é incapaz.

Há muitas pessoas que, por causa de um complexo de inferioridade e de uma baixa auto-estima, são capazes de acreditar que, para os outros, tudo sempre dá certo, mas para elas, nunca.

Você é aquilo em que pensa em seu interior; você é controlado por aquilo em que crê; então, é preciso gerenciar os pensamentos.

Você pode impedir que os pensamentos de derrota sejam escritos nas páginas da sua mente. O caminho é crescer em direção a uma espiritualidade madura, em conexão com uma atitude mental criativa.

Permita que o Espírito Divino reescreva em sua mente as vitórias da fé e da humildade. Há uma surpreendente afirmação primitiva: "Somos mais do que vencedores", somos hipervencedores, supervencedores. Esse é o *script* do sucesso, o roteiro da realização pessoal no teatro da existência. Assuma sua nova identidade, surpreenda a si mesmo — seja um vencedor!

Não basta saber, é também preciso aplicar;
não basta querer, é preciso também agir.

— Augusto Cury

Ser um gerenciador de pensamentos, com sabedoria, significa não gravitar em torno de seus problemas. Significa parar de guardar os lixos do passado.

Não é apenas gravitar em termos de sonhos futuros, mas assumir a própria história no presente. Significa gravitar em torno de cada momento, planejando o futuro.

Futuro apenas como sonho é ilusão, mas como planejamento é realidade, sabedoria em ação; é determinar com disciplina e dedicação. Decidir realizar sonhos, não apenas tê-los.

Determinação e desprendimento.

Desprender-se de tudo que é peso morto, mudar no que tem de ser mudado. Fazendo o diferente para ser diferente e chegar a um ponto que faça a diferença. Então, não gravite ao redor de seus problemas, mas ao redor das possibilidades.

Aprenda a pedir, crer e receber; isso fará a diferença. Como disse Agostinho, "O Criador pede de nós o que não podemos fazer, para que saibamos o que devemos pedir" e "Tudo é possível ao que confia".

Existem duas linhas de vida à nossa escolha.

Por um lado, há aqueles que gravitam ao redor dos problemas do passado, enquanto outros gravitam ao redor dos problemas do futuro (nesse caso, antecipam o futuro e antecipam os problemas).

Por outro lado, há aqueles que vivem apenas na ilusão dos bons tempos do passado ou do futuro, acreditando em Papai Noel. Falta-lhes colocar pernas em seus projetos.

Dispomos de duas pernas para avançar — o sonho e a disciplina. Acrescente a elas a determinação, e coloque também a paixão e o coração.

Observe que, na palavra "coração", temos "cor" + "ação", portanto ela termina em "ação". Mas também temos "c" + "oração", isto é, dentro dela existe a "oração". Assim, afirme em seus pensamentos "vou chegar lá", e simplesmente faça.

Uma das piores síndromes humanas é o negativismo, que traz pensamentos antecipatórios de problemas; a pessoa acha que tudo está ruim e, ainda por cima, está piorando. Em meio a qualquer crise, prefiro uma encorajadora declaração: "Maior é o que está em Vós, em vez daquele que está no mundo." É maravilhoso saber disso, viver com a expectativa de vitória a partir de dentro.

De fato, a Inteligência Infinita não planejou para você uma derrota no futuro; planejou fazer de você um hipervencedor em todos os campos. Enquanto as pessoas negativas antecipam as derrotas, quem crê antecipa o êxito.

Você pode levar consigo, em sua história, as marcas de um futuro abençoado. Não gravite em volta dos problemas do passado nem ao redor dos problemas do futuro. Decida por viver. Leve com você a certeza de que está vivendo na sinfonia da vida porque o Autor da Existência é o maestro do seu coração, o gestor das suas possibilidades.

O Espírito Todo-Poderoso que criou o Universo inteiro pode reescrever a sua história. Ter fé é afirmar como o jovem rei Davi: "Assombrosamente Ele me criou. Teceu-me no ventre da minha mãe, e no seu livro foram escritas todas as páginas da minha vida, cada dia." Crer e saber, mas nas mãos de Quem está o futuro.

"Não sei o que me aguarda no futuro, mas sei Quem é que me tem nas mãos", afirmou um ancião aos 87 anos. Outros com essa idade estariam pensando na morte, mas esse homem tinha seu pensamento no Autor da Vida. Não pousava os olhos no final, mas no descanso e no sentimento de satisfação.

O segredo é gravitar na solução, não no problema. E, para o cristão, a solução é a esperança. Isso significa mudar o pensamento. É possível mudar e gerenciar os pensamentos, pois o Criador de Tudo caminha pelas "galiléias" de nossos temores.

A Grande Diferença

Não devemos ter medo das novas idéias!
Elas podem significar a diferença
entre o triunfo e o fracasso.

— Napoleon Hill

Por que gerenciar os pensamentos? Porque nós cremos na vida, não na morte. Porque estamos grávidos das possibilidades dos sonhos de Deus, que tem escrito em nosso coração um canto de vitória. Ele grava em nossas células e em nosso pensamento uma sinfonia de esperança. Isso significa viver uma vida com qualidade, a partir de dentro.

Gerenciar pensamentos é ter uma mente calma, relaxada e tranqüila, com sentimentos que superam qualquer agitação. Com a espiritualidade de quem afirma: "Ele me faz repousar em pastos verdejantes, e Ele me conduz a águas tranqüilas, a águas de descanso."

É ter a mente relaxada e tranqüila, com pensamentos sem agitação, e escorada em um sentimento de fé interior e na dependência do Autor da Vida. Sem dúvida, uma grande necessidade do ser humano atual!

Hoje, uma das áreas mais difíceis estudadas pela psiquiatria e pela psicologia é entender como os pensamentos acontecem dentro de nós.

Augusto Cury nos diz que os pensamentos acontecem de maneira multifocal, ou seja, eles se constroem de modo dinâmico. O pensamento não tem uma origem unifocal, não é em linha única; ele é amplo em sua construção.

De acordo com a Psicologia Multifocal, nós construímos os pensamentos e isso ocorre involuntariamente.

Existem muitos fatores em nosso interior que surgem de maneira automática, e esses pensamentos vão construindo novas janelas.

Dentro do nosso pensamento ocorre o gatilho da memória. Isso quer dizer que, quando acionado, leva-nos a um território que hora é negativo, hora é positivo.

Quando ouve alguma coisa ser dita, em milésimos de segundo sua mente se enche, fruto da busca no território da memória. É o gatilho que deu início a esse processo. Às vezes, uma lembrança faz com que você se sinta mal, fique aborrecido. Por que isso acontece? Por causa do gatilho da memória.

Esse gatilho faz com que um fluxo de pensamentos, negativos ou positivos, tornem-se conscientes.

Imagine uma âncora lançada em um mar de lembranças. Algumas vezes, ela se prende nos lixos emocionais; em outros momentos, nas lembranças prazerosas.

O local onde for lançada a âncora da nossa memória determinará a qualidade de nossos pensamentos, que, por sua vez, determinarão a qualidade de nossas emoções e hábitos.

Quantas vezes acordamos de mau humor pela manhã, não nos sentindo bem! O que aconteceu? Antes de qualquer emoção, houve um pensamento. O que vem a demonstrar a questão da âncora da memória, que, nesse caso, fixou-se no lodo das idéias negativas.

Gerenciar pensamentos é ter cuidado com os gatilhos da memória, pois, estando a mente carregada de pensamentos, quando esses gatilhos são acionados, geram um fluxo de pensamentos que imediatamente entram em conexão de modo associativo com muitas outras idéias.

São bilhões de conexões de idéias multiplicadas, trilhões de redes. Portanto, quanto melhor você pensar, melhores serão os resultados em todas as dimensões da sua existência.

Os pais e mães deviam ficar mais atentos na educação e na formação dos pensamentos de seus filhos, e lançar idéias como sementes transformadoras.

Quando criança, ouvi várias vezes minha mãe afirmar que "Muitas são as aflições do justo, mas o Senhor de todas o livra". Eu tinha apenas seis anos, mas ela estava construindo em minha mente pensamentos de vitória.

Agora vamos visualizar o inverso dessa situação. Uma mãe ao lado de seu filhinho de seis anos e dizendo que o mundo está difícil, mas que vai estar ainda pior quando ele chegar à idade adulta. Imagine o que pode vir a acontecer com esse menino!

Quando alguém chega para mim e diz que o mundo está em crise, a primeira coisa que acontece em minha mente é um "gatilho" sendo disparado e uma "âncora da memória" indo para onde está o pensamento que minha mãe ajudou a construir, "Muitas são as aflições do justo, mas o Senhor de todas o livra".

Pensamentos positivos e saudáveis funcionam como uma barreira contra o sentimento de fracasso. Geram uma convicção de que tudo dará certo. Palavras assim, vindas de dentro, fazem com que as crises sejam superadas.

Muitas são as aflições de quem vive hoje em dia, mas você pode estar livre de todas elas. Talvez você caia muitas vezes, mas sempre pode se levantar de novo. O reino das possibilidades sempre estará a sua espera, como um tesouro a ser vivido.

Assim, por amor aos filhos, os pais deveriam educá-los com sabedoria. A falta de sabedoria de vida desde os primeiros anos tem produzido trágicas conseqüências sociais.

Os psicólogos e psiquiatras estão surpresos por ver crianças cada vez mais novas com diagnóstico de síndrome de pânico, sem falar dos medos múltiplos, do *stress* e das depressões.

Tudo isso tem relação com o péssimo gerenciamento dos pensamentos e, como afirma o psiquiatra Victor Frankl, com "a falta de sentido na vida". Sem haver sentido na vida, não pode haver qualquer qualidade na existência.

Falar em sentido na vida, ou em sabedoria na curta existência humana, implica falar de fé. Implica sermos conduzidos pelo amor, com metas e propósitos significativos.

Pesquisadores de importantes universidades têm aumentado o número de publicações que relacionam qualidade de saúde e espiritualidade.

Terapeutas que trabalham com portadores de câncer nos grandes hospitais especializados afirmam que os fatores positivos da fé e da espiritualidade ajudam seus pacientes.

Para esses profissionais, a crença e a inteligência espiritual constituem os fundamentos da recuperação, não apenas de humor emocional, mas de concretude.

Desse modo, o ser humano é compreendido como sendo *trans-psico-somático*.

Fluindo de maneira crescente dos grandes centros científicos do planeta, essas notícias vêm fundamentar a importância da fé para os indivíduos, tanto em suas relações somáticas como sociais.

Por partir de profissionais qualificados cientificamente, não há duvida de que estamos diante de uma maravilhosa revolução da sabedoria como uma ferramenta terapêutica no século XXI.

Aquelas tradições que, por séculos, cultivaram os valores da fé, estão com as chaves nas mãos. As chaves de um novo tempo. Elas têm uma mensagem e uma prática que é constituída de cuidados com o fluxo de pensamentos, de maneira a gerenciá-los dentro de uma perspectiva transformadora.

Portanto, precisamos ter muito cuidado com as janelas que estão sendo abertas em nossa mente; podem ser janelas da morte, janelas negativas.

Na Teoria da Inteligência Multifocal, tais janelas são chamadas de "janelas *killers*", isto é, janelas assassinas, que matam sonhos e destroem as melhores decisões. Mas é possível criar novas janelas — de vitória, de êxito e de sucesso.

Para termos pensamentos saudáveis é necessário cuidar dos atores que atuam nos bastidores do teatro da mente. Gerenciá-los é a chave para estarmos livres dos sentimentos de derrota.

Então, por que não assumir um gerenciamento que dê oportunidade a um novo tempo em todas as áreas da existência?

Esses atores são o gatilho da memória, o fluxo dos pensamentos e a âncora da memória. Quando surge uma situação ou um fato, ou mesmo quando ouvimos uma determinada palavra, de imediato começa um processo surpreendentemente rápido.

Rejeite, o quanto antes, ser dirigido por esses atores. Cuide para que você não venha a ser, de maneira indeterminada, uma vítima dos lixos acumulados nos depósitos psíquicos e das janelas assassinas que se abrem na memória.

Compreendendo o "Ser" Complexo

É o pensamento capaz de reunir
(complexus: aquilo que é tecido conjuntamente),
de contextualizar, de globalizar,
mas, ao mesmo tempo, capaz de reconhecer o singular,
o individual, o concreto.

— Morin e Moigne

Vamos voltar à questão do gatilho da memória, pois ele é o responsável pelo desencadeamento dos pensamentos. Por isso, tome cuidado para não o deixar a seu belprazer.

O gatilho da memória é o fenômeno que aciona o processo de interpretação, fazendo com que cada imagem, som ou palavra seja interpretado rapidamente, em milésimos de segundo.

Essas imagens, sons e palavras são identificados pelo gatilho, não pelo "eu" autônomo. E se, dentro da memória, o gatilho aciona uma checagem com conexões negativas, são geradas emoções com a mesma qualidade.

Cuidar do gatilho da memória é uma proposta terapêutica da Psicologia Multifocal.

A relação que existe entre o fenômeno do gatilho da memória e os territórios da mente deve-se ao fato de termos arquivos doentios nos territórios da memória. Ao serem acionados, esses arquivos geram pensamentos de bloqueio, sentimentos de insegurança e reações agressivas.

O notável é que todos nós já experimentamos, em algum momento da vida, um inesperado encontro com alguém que nos provoca emoções conectadas a lembranças, vindas do fluxo dos pensamentos.

Se essas lembranças forem prazerosas, haverá sentimentos saudáveis, mas, se forem negativas, os sentimentos serão de desalento e pesar.

Tudo isso acionado por um gatilho, o gatilho da memória. Veja, portanto, como a memória é de importância fundamental para a qualidade de vida.

Cuide de seus pensamentos e você estará cuidando da qualidade de suas emoções, o que resulta em qualidade panorâmica desenhada na interioridade.

O perigo de não gerenciar bem os pensamentos é você alimentar doenças por meio de sentimentos de desvalor.

O perigo de guardar ressentimentos, que são o resultado das lembranças negativas, é você obstruir seu bem-estar. A solução está em perdoar.

A falta de perdão desencadeia pensamentos doentios que trazem mal-estar interior. Assim, é melhor você perdoar e logo estar livre do que ficar carregando tristezas. Perdoar é possível se reescrevermos nossa história com novos pensamentos.

É usar o "eu" para interpretar com novos olhos. É nós nos livrarmos do veneno da mágoa que ingerimos, passando daí a desejar o sofrimento dos outros.

Esquecer não é possível, pois tudo aquilo que foi gravado na mente não pode ser deletado da memória. Mas ela pode ser reeditada.

Existe a possibilidade de você gerenciar os pensamentos com sabedoria, mudando os alvos do gatilho e abrindo janelas saudáveis e terapêuticas de amor, vitória e esperança.

Um claro exemplo de não gerenciamento dos pensamentos é o que acontece muitas vezes num vestibular: aquele jovem que estudou de modo dedicado e disciplinado, mas, na hora H, tem "um branco" e nada lhe vem à mente.

Por que isso acontece?

É um fluxo de negatividade, acionado por um pensamento que surge de repente, talvez a lembrança de um dia de prova, lá na infância.

Pode ter sido uma frase dita pela mãe antes de ele sair de casa — "Em dia de prova, eu nunca me lembrava de nada". Depois de passar anos lutando com as provas, chega o dia do vestibular e todas as frustrações surgem como um fluxo contínuo de mazelas destruidoras.

Usar o gatilho da memória, em alguns momentos, obstrui a eficiência e oportuniza a torrente de emoções negativas. Decida gerenciar seus pensamentos, construindo novas janelas saudáveis, pois é dessa maneira que os derrotados se transformam em vencedores.

Gerenciar pensamentos é uma prática que possibilita rejeitar os pensamentos de autodepreciação.

Cuidar dos territórios da memória é descobrir uma inesgotável fonte de realização pessoal.

Os fluxos de pensamento podem distrair-nos, animar-nos e nos fazer sonhar. Mas, se não protegermos o solo da mente dos lixos acumulados no interior da memória, esse fluxo se transforma em pesadelo, levando-nos à depressão e aos transtornos psíquicos.

Outro ponto importante é você não permitir que as matrizes formadas na vida pregressa determinem o *agora* e o *futuro* no teatro da mente.

Pensar não é uma escolha, mas um destino. Não podemos simplesmente deixar de pensar. Só o fato de pensar que conseguimos não pensar em nada, já é pensar. Portanto, a questão a ser colocada é: pensar com ou sem qualidade de pensamento; pensar com ou sem sabedoria.

Gerenciar pensamentos é uma aventura a ser vivida mesmo diante do fluxo incessante de idéias. Pensar faz parte da vida de todos os seres humanos; todos nós pensamos o tempo todo. A cada instante o pensamento está fluindo. O grande desafio é gerenciar os pensamentos de maneira produtiva.

No palco da mente, o *show* não pára. Se isso não acontecesse, viveríamos no tédio, na solidão e na angústia existencial.

Deus nos fez seres pensantes, e como é maravilhoso pensar! Pensar em coisas boas, trazer à memória as lembranças da meninice, das brincadeiras; isso significa saúde e alegria de viver.

O fenômeno de pensar o tempo todo, com bilhões de conexões acontecendo em milésimos de segundo, é chamado pela Inteligência Multifocal de *auto-fluxo* da memória.

Devemos lembrar que sempre podemos escolher melhores pensamentos e encher nossos corações de sentimentos festivos. Com melhores pensamentos, podemos fazer com que nossos lares e nossas vidas sejam usinas de paz e tranqüilidade.

A construção de bons pensamentos foi a ferramenta usada ao longo da História pelas pessoas bem-sucedidas.

Para a Psicologia Multifocal, o auto-fluxo é o fenômeno de ler milhares de vezes a memória durante o dia e produzir a grande maioria dos pensamentos que são expressos no teatro da mente.

E essa usina de idéias produzidas pelo fenômeno do auto-fluxo é a fonte mais intensa de entretenimento que possuímos. Mais intensa que a televisão, os esportes, a literatura, as imagens dos ambientes e, surpreendentemente, mais marcante que o instinto sexual.

A mente é o local onde acontecem os *shows* mais importantes de nossa vida, por isso é necessário gerenciar nossos pensamentos de maneira positiva e nutri-los com criatividade, contentamento e sabedoria.

A mente é o único lugar em que podemos decidir não envelhecer. No corpo, envelhecer é inevitável, mas na mente é uma escolha.

A opção pelo rejuvenescimento no mundo das idéias é algo que acaba com o desespero que envelhece.

Somos tão velhos quanto nossa incredulidade, mas tão jovens quanto os nossos sonhos.

Escolha não envelhecer naquele lugar onde ocorre o fluxo dos seus pensamentos.

O Mestre dos Mestres, ao dizer que "quem não se tornar como uma criança não verá o reino de Deus", classificou a arte de rejuvenescer como uma realidade interior, um fruto de uma espiritualidade decidida.

A criança tem o coração receptivo, cheio de compreensão, e dança a valsa da vida com pés sem gesso e coração festivo.

Como seres pensantes, gastamos a maior parte do nosso tempo perdidos no território dos pensamentos.

Mas, se conseguir gerenciá-los, você poderá escolher viver no luxo dos bons pensamentos, em vez de viver nas favelas psíquicas. Poderá escolher viver na melhor parte da cidade da memória, em vez de viver nas ruas esburacadas de sua periferia.

Dirija o perdão para o seu passado, solte as amarras dos problemas vividos, para que o Universo abra seu guia de novos mapas, com novas avenidas e com verdadeiras alamedas de paz em sua vida.

Entretanto, ninguém fica livre dos desencantos e dos sentimentos de frustração. Eventualmente, você pode cair no território das mazelas, cheio de idéias negativas, onde, uma vez detonado o gatilho da memória, o fenômeno do auto-fluxo abrirá janelas *killers*.

Mas é possível reagir. Nesse momento, você pode dizer: "Não! Não é aqui que vou morar, não é aqui que vou me ancorar."

Duvide dos pensamentos negativos, critique tudo aquilo que encalha no grande Nada e então determine um novo tempo.

Esse é o motivo de tantas pessoas viverem infelizes, mesmo possuindo fortunas; acabam sentindo-se prisioneiras do que têm. Vivem em verdadeiros palácios, mas dentro si moram na periferia dos pensamentos. Vivem ancoradas nos detritos mais sórdidos da mente e no entulho emocional da humanidade. Vivem nas ruínas da alma e mendigam o pão da alegria e da paz.

Henry Ford disse certa vez que "as pessoas mais infelizes que conheci foram aquelas que só tinham dinheiro". Milhares vivem assim no século XXI; progrediram por fora, mas regrediram por dentro.

Embora muitas delas vivam em luxuosas residências, nos bairros chiques das melhores cidades, passam mais da metade de suas vidas lutando com conflitos mal resolvidos, criando a cada dia novos escapismos na vida privada.

Se pudessem, reurbanizariam as favelas da alma e transformariam aqueles becos abandonados em seu interior.

A Teoria da Inteligência Multifocal propõe uma saída desses becos pela prática de uma das leis da qualidade de vida: gerenciar pensamentos.

Mude as circunstâncias, mudando sua maneira de pensar. "As coisas não mudam, nós mudamos."

Um caminho de mudança é buscar fazer o máximo para ajudar os outros. O ser humano torna-se mais humanizado em sua essência à medida que se deixa embalar pelo altruísmo, não sendo apenas ajudado, mas ajudando.

A História está cheia de exemplos de pessoas altamente realizadas porque decidiram fazer os outros felizes. Havia nelas uma riqueza tão bela que refletiu nas futuras gerações.

A literatura e o cinema são ricos em exemplos de altruísmo, humildade e bem-estar mental e emocional. Contam-nos histórias de pessoas felizes — apesar de... — que criaram internamente cenários maravilhosos e estupendas coreografias.

São pessoas que trazem um sabor especial para a vida. Trazem beleza e encanto, mesmo nos momentos tristes. Diante das adversidades, aprendem com as perdas, reconstroem o futuro, encontram a paz e expressam-na em seu modo de viver.

Aprenda a saborear a vida! Pois viver com sabedoria tem a ver com sentir sabor.

Quando éramos crianças e ganhávamos um doce, procurávamos saboreá-lo lentamente, percebendo o gosto em todas as suas dimensões e encantos, como se as células festejassem aquele momento.

É preciso ligar nossos pensamentos aos detalhes da simplicidade.

Ver além daquilo que os olhos conseguem ver.

Enxergar além das coisas.

Olhar com os olhos do coração.

Sintonizar a vida com a sinfonia do amor, em uma verdadeira festividade integrada. Você ter alegria nas mínimas coisas dependerá da qualidade dos seus pensamentos.

Mas todo cuidado é pouco! Fique atento em relação à abertura das janelas negativas. Cuidado com a leitura que sua mente faz dos territórios doentios.

E, quando não puder evitar, decida imediatamente criar novas janelas, reformatando assim a qualidade de vida a partir de dentro.

Essa é a solução que fará a diferença.

Muitas vezes nosso "eu" não consegue trabalhar de maneira livre e construtiva, pois lhe falta o gerenciamento daqueles pensamentos estranhos e doentios.

A verdadeira sabedoria é aquela mesma sabedoria que criou o Universo. Antes de tudo ser criado, "eu estava lá", disse a sabedoria.

O sábio Salomão escreveu que conhecimento sem sabedoria é como mosquitos em frascos de perfume.

Pensar bem e com sabedoria espiritual é ser um gestor de idéias saudáveis. É saber trabalhar com os três atores coadjuvantes da memória — o gatilho da memória, o fenômeno do auto-fluxo e as janelas da memória.

Outro cuidado em relação à qualidade de vida é preconizado pela Psicologia Multifocal: pensar é bom, mas pensar mais do que o necessário gera a *síndrome do pensamento acelerado*, a SPA.

Essa aceleração produz os pensamentos inquietantes e antecipatórios de medo. O cultivo de fé e gratidão muda as coisas, pois exorciza o medo e faz fluir as torrentes de esperança.

Como Albert Einstein, deveríamos agradecer cem vezes por dia. A gratidão é o cântico dos vencedores, a dança dos bem-sucedidos e o júbilo dos redimidos.

A prática do agradecimento exorciza os pensamentos inquietantes. Uma pessoa com pensamentos inquietantes não consegue pensar corretamente, não consegue ter boas emoções. O Mestre já havia aconselhado, "Não vos inquieteis com o dia de amanhã".

Busque render-se à sabedoria. Peça ao Criador para inundar sua vida com amor e pensamentos de alegria, longe das fontes de preocupação. Evite os pensamentos que não têm motivado você a viver com alegria.

O Mestre da Vida, logo após a ressurreição, disse "Paz!". Essa foi a primeira palavra que ele pronunciou, pois sabia que seus discípulos estavam precisando mudar seus pensamentos e emoções por causa do medo. Isso é terapia! Jesus chega e nos invade com paz terapêutica.

Se a paz fosse vendida nas farmácias, a maioria das pessoas gastaria boa parte de seu salário para comprar tão preciosa mercadoria.

Sabemos que existe gente cheia de motivos para sorrir, mas suas preocupações e idéias negativas as tornam pessoas ansiosas, irritadas, tristes e preocupadas.

Se olharmos para nós mesmos, vamos ver que temos mais a agradecer do que imaginamos. Temos muito mais a agradecer do que a reclamar, mas gastamos tempo demais reclamando e dizendo palavras de derrota.

Por isso, precisamos urgentemente de cura.

Podemos perceber isso naquela experiência do psicólogo que colocou em sua sala de espera um quebra-cabeça com dez mil peças. Depois de montado, ele mandou enquadrar o quebra-cabeça, mas antes tirou uma das peças e guardou-a.

Sabe o que aconteceu? Quase todos os que olhavam para o quadro perguntavam por que estava faltando uma peça. Todos, praticamente, olhavam o defeito, não a beleza da gravura. Essa experiência mostra como estamos viciados no negativo. Formamos uma sociedade de "negaólatras".

Se você olhar só para os problemas, eles acabam virando monstros; se olhar para a fé, verá a grandeza da vitória chegando.

> *Mesmo uma vítima desamparada,*
> *numa situação sem esperança,*
> *enfrentando um destino que não consegue mudar,*
> *pode erguer-se acima de si mesma,*
> *crescer além de si mesma e, assim, mudar a si mesma.*
> *Pode transformar a tragédia pessoal em triunfo.*
>
> — Viktor Frankl

Pensamentos gerenciados têm a ver também com as amizades e os relacionamentos. Acontece, muitas vezes, existirem pessoas que gostam de você, mas também outras que não gostam.

Se você não gerenciar bem seus pensamentos, quem não gosta de você vai lhe perturbar mais do que todos os bons sentimentos vindos das dezenas que gostam. Por que é assim? Na verdade, damos mais crédito às críticas do que aos elogios, mais crédito aos que julgam do que aos que gostam.

Muitas pessoas são especialistas em resolver os problemas dos outros, mas, quanto aos próprios problemas, não conseguem resolver; são boas para os outros, mas não para si mesmas.

Tentam gerenciar os problemas dos outros, mas, quando chegam os seus, acabam encalhando porque não lideram os próprios pensamentos.

Administrar pensamentos é o segredo dos segredos.

Outra coisa bastante procedente da Psicologia Multifocal é a constatação de que não apenas o conteúdo ruim dos pensamentos é um problema que afeta a qualidade de vida, mas a velocidade dos pensamentos também o é (Cury, 2004).

Pensar é bom, mas pensar demais é perigoso. Para a Psicologia Multifocal, tudo se complica quando os pensamentos estão acelerados. Mesmos se o conteúdo for positivo, a aceleração dos pensamentos gera um desgaste cerebral intenso, produzindo ansiedade e outros sintomas (Cury, 2004).

A SPA, ou síndrome do pensamento acelerado, é uma das grandes descobertas dessa área da psicologia.

Ao serem acelerados, não apenas os maus conteúdos, mas também os bons, geram desgastes intensos no cérebro, trazendo *stress*, ansiedade e demais sintomas correlatos. Como, por exemplo, insatisfação, esquecimentos, falta de concentração, inquietação, cansaço físico exagerado, acordar cansado e sintomas psicossomáticos.

Atualmente, a SPA é uma síndrome que vem crescendo em todos os continentes, e já se pode até falar de epidemia.

Observe como, nas últimas décadas, fomos ficando cada vez mais agitados. Converse com qualquer professor sobre seus alunos, e ele vai confirmar que isso está a cada dia mais evidente.

O resultado tem sido um desgaste excessivo das energias mentais. Há uma multiplicação dos transtornos e crescentes sabotagens do cérebro, que bloqueiam os "arquivos" como uma proteção automática para minimizar o excesso de pensamentos produzidos.

A sabedoria consiste em cultivar os canteiros do jardim do pensamento com sementes de tranqüilidade e contentamento. Sabedoria é gastar o mínimo de energia com um máximo de eficiência.

Desacelerando o Pensamento

Deixo com vocês a paz. É a minha paz que lhes dou;
não lhes dou a paz como o mundo a dá.
Não fiquem aflitos, nem tenham medo.

— João 14,27

Ao sentir que seu pensamento está acelerado, procure fazer algo diferente, busque o convívio com a natureza, caminhando pelo jardim.

Aprenda com o Mestre da Vida, Jesus de Nazaré, que, em meio a tantos conflitos, olhava os lírios do campo e, admirando-se com tamanha beleza, comparava-os com as vestes do sábio rei Salomão.

Bilhões de pessoas estão vivendo uma vida doentia por causa do pensamento acelerado, por pensar em demasia. É necessário libertar a mente e começar a pensar com sabedoria.

O pensamento inquietante e acelerado tem gerado pessoas insatisfeitas, o que causa o esquecimento e a falta de atenção, e obstrui a criatividade e a beleza dos relacionamentos.

O Dr. Augusto Cury diz algo muito interessante: quando seu cérebro começa a esquecer demais, é sinal de que você tem gastado muita energia com pensamentos acelerados; também é um sinal enviado pelo cérebro para que você tome mais cuidado e desacelere seus pensamentos.

Atualmente, outro sintoma muito comum é as pessoas "acordarem cansadas", como se não tivessem dormido. Essa é uma fonte de doença e de péssima qualidade de vida.

Observe os alertas emitidos por seu corpo. Quando perceber que ele está gritando, pare e procure relaxar e desacelerar os pensamentos. Quem não dá ouvidos ao próprio corpo, acaba fisicamente doente.

Abra seu coração antes que um cirurgião o faça.

Liberte-se dos pensamentos angustiantes, gerencie os pensamentos. Seja um viajante do presente, não um viajante do passado, que vive problemas já vividos.

Também não viaje para problemas futuros, antecipando erros, medos de perdas e enfermidades. Viver antecipando as preocupações significa ocupar-se antes da hora. As estatísticas dizem que 90% de nossos medos futuros jamais acontecerão. Por isso, não antecipe os problemas.

O mestre Jesus de Nazaré tem a nos dizer palavras sábias a respeito disso — "Basta a cada dia o seu mau." O que ele quis dizer? Viva intensamente o hoje, não fique antecipando os problemas do amanhã.

A vida é curta demais para ficarmos pensando nas coisas de que não gostamos.

Devemos viver a vida intensamente no presente e no agora. Deus nos criou para que participássemos intensamente de cada momento.

Certa vez, perguntaram a um filósofo em seu leito de morte: "Se lhe fosse dado viver mais seis meses, como você viveria?" "Um dia de cada vez", ele respondeu.

Viver cada momento como se fosse único é honrar o Criador e glorificar a causa primeira do Universo. "Em um minuto se vive uma eternidade."

O momento presente é tudo o que você tem.

— Eckhart Tolle

Não somos seres humanos vivendo na Terra e passando por experiências espirituais; somos, sim, pessoas essencialmente espirituais passando por uma experiência vivencial humana.

O Mestre que chamou Deus de Pai nos ensinou a viver a cada instante uma vida de intimidade espiritual com o Pai, e que isso nos traz um profundo sentimento de liberdade.

Deus é Pai e pede que perdoemos.

Santo Agostinho dizia que Deus nos ordena o que não podemos fazer para que saibamos o que devemos pedir.

Sabedoria é aprender a perdoar, portanto praticar o perdão é atitude dos sábios. Vivemos muito pouco para que fiquemos carregando mágoas. Nossos neurônios não foram criados para acumular lixo.

Perdoar é entender que as pessoas erram mesmo. Elas têm falhas e são iguais a você, com defeitos, erros e carências. Não se surpreenda mais com os erros dos outros, não os julgue destrutivamente, pois o que aconteceu com eles poderia ter acontecido com você.

Aprenda a perdoar a si mesmo. Pare de antecipar velórios.

Pare também de carregar tatuagens de morte na alma. Cultive flores, plante sonhos e celebre a vida.

Se errar, tente outra vez.

Se chorar, lembre-se que a alegria chega com o amanhecer.

Não desista.

Se não conseguir parar de duvidar, então comece a duvidar das dúvidas. Ou melhor, duvide de todas as crenças negativas que sabotam os melhores planos.

Todos nós temos qualidades e defeitos. Pense que fazemos parte da mesma família humana, com tendência ao engano, ao erro e ao fracasso. Temos as mesmas dificuldades, mas também as mesmas possibilidades.

O que faz a diferença é o gerenciamento de pensamentos para a honra e glória do Autor da Vida, o Pai Nosso. Ele, e somente Ele, poderá nos fortalecer e nos doar sua sabedoria e seu amor infinito.

Liberte-se dos pensamentos que geram sentimento de culpa.

Pare de ficar se martirizando com as falhas de ontem.

A culpa é o combustível do desânimo e da depressão. Lance os torpedos da fé contra os pensamentos antecipatórios e abra avenidas de esperança.

O medo antecipado é o chefe dos ladrões; de fato, ele é o maior ladrão da sua qualidade de vida no presente.

*O medo é o ladrão que, fazendo-nos temer o
amanhã, acaba nos roubando o hoje.*

— Odail Costa

Muitas pessoas protegem suas casas dos ladrões, no entanto não protegem suas mentes dos ladrões psíquicos que estão roubando sua saúde e seu autocontrole.

O medo é um dos maiores inimigos da alma humana porque cria problemas ilusórios.

O medo antecipa o desespero; a fé antecipa a saúde. Plante fé e colha milagres!

As pesquisas apontam para uma realidade: a maioria dos problemas que foram antecipados pelo medo nunca aconteceu na realidade.

A preocupação é o pagamento — com juros e correção monetária — de uma dívida que nunca foi feita e, provavelmente, nunca o será.

Antecipar problemas por meio da preocupação é organizar o velório antes do tempo, é acender velas para um defunto imaginário.

Lembro-me de um sábio conselho que meu pai me dava na infância quando eu antecipava algum problema escolar: "Não acenda velas para defunto ruim", dizia ele. O Autor da Vida não criou você para o fracasso. Você é de uma geração vitoriosa, de uma geração de esperança.

Assuma esta decisão: não sofrer por problemas que ainda não aconteceram e que talvez nem aconteçam.

Não assuma um sofrimento inútil.

A Psicologia Multifocal propõe uma excelente técnica para a arte de gerenciar pensamentos: é uma técnica chamada D.C.D., ou seja, a arte de Duvidar, Criticar e Determinar. Por meio dessa técnica você fortalece a liderança do "eu", escolhendo a coragem. Pratique-a várias vezes ao dia; você vai se surpreender com os resultados.

Você é controlado por tudo aquilo em que acredita. Então comece a duvidar de todas as idéias negativas. Duvide de tudo que perturba seus sentimentos. Duvide de que não conseguirá superar os seus conflitos. Duvide de suas dificuldades em alcançar as metas profissionais.

Duvide de que você não conseguirá vencer os desafios surgidos a cada dia. Duvide das mentiras e das armadilhas que surgem com as máscaras sofisticadas da hipocrisia. Duvide de seus pensamentos negativos.

Duvide de todo pensamento autodepreciativo. Duvide de suas fraquezas e de sua timidez.

Duvide então de todo e qualquer pensamento que o diminua. Se você acha que não consegue duvidar, então duvide dessa crença.

A partir do momento em que começa a duvidar, você estará desqualificando aquilo que o perturba. Estará desmoronando os edifícios construídos com pensamentos negativos.

Duvidar fará você derrubar as áreas que foram construídas com o lixo armazenado durante todos os anos de sua vida.

Após duvidar, dê o segundo passo — critique. A crítica é uma ferramenta poderosa para desfazer as velhas crenças que desajustaram o interior humano.

Critique então os pensamentos negativos, por causa dos resultados que produzem. Fixe sua atenção neles apenas para criticá-los. Quando começar a criticar, você estará removendo os entulhos da mente. Critique cada idéia pessimista; critique a preocupação; critique os pensamentos antecipatórios de medo.

Ao criticar o medo do amanhã, viva o presente. Viva e pense no amanhã apenas para planejá-lo, não para temê-lo. Lembre-se que o medo é o pai da indecisão. Os medos nada mais são que estados mentais, por isso podemos vencê-los.

É necessário derrotar o medo, pois ele paralisa a razão, mata a imaginação, destrói a auto-imagem, solapa a confiança pessoal, desencoraja os projetos, desestimula os sonhos e esvazia o entusiasmo.

O medo tira o encanto da vida e obstrui os potenciais da personalidade. É ele que turva a memória e dá boas-vindas ao fracasso.

O fracasso é uma oportunidade para começar de novo, desta vez de forma inteligente.

— Henry Ford

Determine e afirme o seguinte: "Tudo posso Naquele que me fortalece." Determine: "Eu sei em quem tenho acreditado, e sei que Ele é poderoso e me guardará até o fim."

Determine-se a ser um vencedor. Determine-se a compreender a palavra de sabedoria suprema que, certa vez, afirmou à beira do mar da Galiléia — e que aqui parafraseamos: "Há mais riquezas de possibilidades dentro de vocês do que adversidades fora."

Determine-se a fazer ecoar as palavras de um velho cristão judeu-romano, "Deus sempre me conduz em triunfo".

Determine-se a assumir o controle do único lugar que depende de uma decisão só sua — os seus pensamentos.

Acorde e viva a vida! Se você não controlar seus pensamentos, não conseguirá controlar mais nada. Como afirmou Napoleon Hill no século passado: "A mente é a sua propriedade espiritual."

Determinar uma finalidade definida, apoiada em um plano definido, é o caminho para gerenciar o controle dos pensamentos, para decretar o sucesso do possível.

A partir do momento em que alcançar esse estágio, você estará reurbanizando o território de sua mente e, onde havia lugares doentios na memória, estará construindo um local saudável.

Você, que morava na rua do Desespero, mudará para a avenida da Tranqüilidade, no quarteirão que fica entre as avenidas da Esperança e da Paz. Sim, ali mesmo, no bairro dos Vencedores.

Chegou a hora da decisão — deixar de trabalhar na rua da Derrota e transferir-se para a rua do Êxito.

Onde Você Está Morando em seu Interior?

Nada se pode ensinar a um homem.
Pode-se apenas ajudá-lo a descobrir
as coisas dentro de si mesmo.

— Galileu Galilei

Determine-se a ser forte, decidido e abençoado. Determine-se a não ser escravo de seus conflitos.

Decida ter um encanto por esta vida maravilhosa que Deus lhe deu, aprenda a contemplar as coisas belas todos os dias. Aprenda a lutar pelos sonhos que o Autor da Vida tem colocado em seu coração; peça para que os propósitos Dele se estabeleçam em sua existência na pátria Terra.

Proclame que, no palco de sua mente, existe o controle de um "eu" saudável, sob a luz da Inteligência Infinita, sob o Rei dos Reis e o Senhor dos Senhores. Deixe-se dominar pelo poderoso Espírito da Sabedoria divina, que está recriando sua história, refazendo sua agenda, curando seu passado, abençoando seu presente e planejando seu futuro.

Aprenda com o Mestre dos Mestres. Ele sabia gerenciar os próprios pensamentos nas horas mais difíceis; sabia gerenciar a construção dos pensamentos. É por isso que ele abalou os fundamentos da ciência, da psicologia, da psiquiatria e da educação.

A religião e a teologia precisam estudá-lo mais, os intelectuais precisam aprender com ele. Se quisermos trazer de volta a sabedoria de vida, como programam os sociólogos e antropólogos contemporâneos, então devemos saber mais sobre o Mestre Inesquecível.

Os religiosos de seu tempo quiseram constrangê-lo, criando armadilhas através de situações difíceis, mas ele tinha sempre uma saída. Ele viveu acima dos estímulos negativos e, mesmo quando estava no alto da cruz, vivendo dores jamais imaginadas, foi capaz de superar todo aquele conflito e descobrir a afetividade do coração humano.

Rompeu o silêncio inquietante, em plena escuridão do meio-dia, para brilhar como luz imbatível.

Na dor, agiu e proagiu ao falar a João, o discípulo mais jovem, e a Maria, sua mãe, para cuidarem um do outro. Ele estava dizendo para serem humanos. Cuidem-se, ajudem-se.

Foi capaz de dizer ao Pai, "Pai, não lhes impute este pecado", e, em meio ao ódio, abrir uma janela de perdão para aqueles que o fizeram sofrer. Ainda afirmou, "Pai, tudo está consumado" e "Pai, eu vos entrego meu espírito".

Os que ali estavam viam a cruz, a dor, o sofrimento injusto e a morte. Enquanto ele olhava para o Pai, olhava para o poder da ressurreição, para o Espírito da Vida. E, como um dançarino festivo, deu aos que crêem o ritmo de uma nova canção.

Ele controlava sua vida, e seu interior era de vitória. Ele conseguia ter paz nos momentos de aflição. Gerenciava seus pensamentos nos focos de tensão.

Ser líder dos pensamentos trará a você serenidade na vida, mesmo em meio a lutas e conflitos.

A vida de Jesus faz coro à vida de muitos outros, na História, que nos convidaram a gravitar, não em torno dos problemas, mas das promessas do Pai. É um convite para buscarmos uma vida que seja uma verdadeira Vida, cheia de paz e tranqüilidade. Ele não antecipava os problemas, e ensinou a cada um de nós como sermos os atores principais de nossa história. Foi por isso que disse: "O reino de Deus está dentro de vós."

Baseando-nos no paradigma da fé, a qualidade de vida é a abertura para uma espiritualidade transformadora. Uma espiritualidade que provoca, convoca e invoca. Provoca-nos a convocar e invocar o Cristo para que nos ajude a conhecer o segredo de gerenciar nossos pensamentos.

Viver intensamente o presente é a porta de entrada ao reino do Espírito da Paz. É colocar a vida nas mãos Daquele que tem todo o Universo na palma de Suas mãos. Como galáxias cintilantes brilhando nas veias da vida.

Quando cresce em espiritualidade, você vive uma vida em que o solo da sua mente está limpo e os territórios do seu coração estão reurbanizados. Assim, você começa a ter pensamentos gerenciados por um "eu" resgatado e saudável.

Para Meditar

Quero aprender com o Mestre dos Mestres a ser um pensador saudável, um pensador vitorioso.

Ser assim como Jesus de Nazaré, que contou parábolas para abrir territórios na mente de seus discípulos e de seus ouvintes — janelas saudáveis que libertam do medo, da arrogância e da insegurança.

Ser assim como ele, que plantou novas sementes nos solos da memória. Apesar de ansiosos, descontrolados e incultos, seus discípulos aprenderam lições que reis, políticos e intelectuais jamais aprenderam.

Tu és o Autor da Vida. Que eu possa reconhecer meus limites. Que eu possa viver de modo a ficar livre do medo de falhar; sem medo de enfrentar os pensamentos de fracasso. Que eu possa entrar no território da vida com amor, alegria, paz e determinação, e com um sorriso nos lábios.

Que a Mente Infinita possa trazer-me os sinais e as marcas da sabedoria, e que novos territórios sejam reurbanizados de modo progressivo.

Assim proclamo a vitória, e que os territórios da mente sejam transformados nesta geração e transformadores desta geração.

TERCEIRO PASSO

O segredo de se sentir bem: administrar as emoções com paixão pela vida

Os frutos do espírito são: amor, alegria, paz, longanimidade, benignidade, bondade, fidelidade, mansidão, domínio próprio.
Contra estes não há Lei.

— Gálatas 5,22-23

Administrar as Emoções com Paixão pela Vida é:

1. Viver com sabedoria, aprendendo que a emoção é absurda e bela;

2. Cultivar a mansidão, a serenidade e a paciência;

3. Cultivar o amor e o encanto pela vida;

4. Você ter um romance consigo mesmo, estabelecendo o seu valor no mercado da vida;

5. Vencer as emoções negativas que nutrem os fracassos;

6. Viver em novidade;

7. Renovar-se a cada manhã.

Qualidade de Vida x Qualidade de Emoções

As emoções percorrem os trilhos do coração; podem gerar liberdade dançante ou prisões implacáveis. O melhor é vivê-las por meio de sublimes danças, sob o encanto do brilho de pensamentos saudáveis. Do contrário, elas nos encarceram.

O segredo consiste em administrá-las, já que dominá-las plenamente é impossível. É isso que faz tantas pessoas serem prisioneiras de campos de concentração emocionais.

O segredo, ao administrar, não é você estar livre de problemas, mas reagir a eles de maneira eficiente. Sabiamente, Napoleon Hill escreveu em *Você pode Fazer os seus Milagres*: "As árvores mais fortes não são aquelas protegidas por florestas densas, mas sim aquelas que crescem em espaços abertos, em constante luta com o vento e a intempérie."

A base da nossa vida interior é a fonte da qualidade da nossa vida exterior, e a qualidade de vida a partir de dentro tem a ver com o fato de administrarmos as emoções.

A Psicologia Multifocal afirma que a "emoção é mais difícil de governar que os pensamentos. Ela é ilógica". Por isso, no capítulo anterior, falamos tanto da necessidade de gerenciar os pensamentos como a principal chave para o sucesso e a qualidade de vida.

São muitas as pessoas que vivem encarceradas em limitações impostas por suas próprias mentes ou por influência dos outros, sem saber que carregam consigo as chaves que podem libertá-las.

Essas chaves significam o controle e a direção de um "eu resgatado".

O Criador nos concedeu o poder de controlar nossos pensamentos, direcionando-os para a solução de problemas e para a realização de metas, projetos e sonhos.

Podemos administrar as emoções se tivermos um propósito maior, dentro de uma espiritualidade que seja dominada pelo espírito da gratidão e da celebração glorificante do Criador como fonte de toda boa dádiva.

Administrar as emoções depende de um relacionamento nosso com o precioso Espírito Divino, com a Inteligência Infinita. Precisamos entrar na órbita do Autor da Vida.

Stephen R. Covey afirma que uma das qualidades das pessoas eficazes é sua Inteligência Espiritual.

Ele enfatiza que o ser humano se expressa segundo quatro inteligências: Inteligência Intelectual (QI), Inteligência Emocional (QE), Inteligência Física (QF) e Inteligência Espiritual (QS). O que falta ao ser humano, segundo ele, é desenvolver com mais determinação e cuidado essa quarta inteligência.

A eficácia do sucesso, ainda segundo Covey, passa necessariamente por desenvolvermos o hábito de ouvir nossa voz interior.

Ao dirigir-se principalmente aos executivos de todo o mundo, Covey aponta que não há eficiência e eficácia sem inteligência espiritual. E conclui, destacando que, entre os hábitos das pessoas altamente eficazes, esse é o mais importante, ou seja, ouvir a voz interior, ser guiado pela Suprema Consciência.

É possível cultivar as emoções e administrá-las se, em nossa vida, estabelecermos um relacionamento diário com o Criador do Universo.

O caráter humano possui uma dimensão que transcende de modo ímpar toda a realidade.

Perder a fonte da vida leva à obstrução do nível de qualidade que deveria vir do nosso interior.

Existem muitos exemplos no passado da humanidade. A tradição cristã nos fala de Davi, o jovem hebreu, como alguém que descobriu e praticou essa sabedoria de vida. Os Salmos de Davi são um registro das palavras de alguém que soube, como nenhum outro, deitar no divã divino como um modo de vida.

Todos os salmistas, de certa maneira, convidaram as pessoas a experimentar a dança fluente da alegria espiritual. Cada Salmo é uma flauta cantando as esperanças em meio às tragédias da vida; neles são vistas as interfaces da realidade existencial como um processo transformador e libertador.

Os Salmos são um convite para criarmos um jardim interno, antes de criá-lo no exterior. Eles nos dizem que existe vida por fora apenas em quem a tem por dentro.

Aquele que planta flores de fé em suas emoções muda as paisagens da alma, reurbaniza a memória e abre canteiros de potenciais, marcando assim a História.

Um exemplo maravilhoso pode ser visto no primeiro Salmo, um dos mais lindos e significativos textos jamais escritos. Há milênios, estas são as palavras mais lidas pela humanidade:

Feliz a pessoa que não segue o conselho dos ímpios,
não trilha o caminho dos pecadores
nem se assenta entre os que zombam do sagrado;
mas, põe seu prazer na lei do Senhor
e nela medita, dia e noite.

Ela é como a árvore plantada
na margem das águas correntes:
dá fruto na época própria,
sua folhagem não murchará jamais.
Tudo o que empreende, prospera.

Os ímpios não são assim!
Mas são como a palha que o vento leva.

Por isso não se sustentarão eles no dia do juízo,
nem permanecerão os pecadores na assembléia dos justos.

Porque o Senhor vela pelo caminho dos justos,
ao passo que o dos ímpios conduz à perdição.

Há um segredo profundo nesse Salmo, algo surpreendente — o que plantamos no território da mente determina nosso destino, seja de sucesso ou fracasso.

Assim, é importante sermos aquele que "tudo o que empreende, prospera".

Meditar nas palavras certas conduz a atitudes transformadoras que firmam o caráter, como as árvores se firmam na terra.

E também "como a árvore plantada na margem das águas correntes", que fala de uma saudável subjetividade, de uma triunfante lei que não depende das circunstâncias, mas do conteúdo. Essa pessoa age, em vez de reagir. É proativa e resiliente diante da dor e do sofrimento.

Erra sem buscar desculpas para o fracasso, e reinventa suas metas; sabe que o fracasso não é a última palavra, pois sempre existe a possibilidade de sucesso.

A árvore ao lado das águas correntes é uma maravilhosa metáfora que revela o caráter terapêutico de quem lança suas raízes em um lugar adequado. Essa árvore sabe onde buscar a fonte interior.

A saúde dela provém de sua fonte de origem. Portanto, questione a si mesmo: Onde estão minhas raízes? Se eu fosse uma árvore, onde gostaria de estar plantada?

"Na margem das águas correntes" seria a resposta, pois não há lugar melhor do que esse. E se sua vida for bastante significativa, você poderá ter suas raízes plantadas no lugar certo.

É interessante notar que a sabedoria ancestral usa muito a metáfora da árvore.

Em certa ocasião, encontrei uma árvore estranha e observei que suas raízes *subiam* pelo tronco. "As raízes estão fora de lugar, igual a tanta gente", pensei. Quantos são os que fincam suas raízes em seu *narcisismo doentio*!

A palavra "narcisismo" vem de Narciso, o personagem da mitologia grega que se apaixonou por seu rosto refletido na água. Quantos são os que se afogam em seu egocentrismo narcísico!

Defendo a idéia de que devemos ter um caso de amor com nosso próprio ser. Porém nos amar de modo saudável, o que só é possível se nossas raízes estiverem de acordo com a ordem certa da criação.

Albert Schweitzer, médico e prêmio Nobel da Paz, disse a uma turma de formandos, da qual era paraninfo: "Dos que aqui estão, somente serão felizes aqueles que souberem viver para os outros."

Raízes interiores, buscando a fonte de significado, esse é o segredo da existência. Ter raízes egoístas *ao extremo* fará de nós pessoas soltas, flutuando ao vento de uma emocionalidade empobrecida pela mediocridade.

Eu disse "ao extremo" porque todo ser humano é *humano*, portanto complexo; tem, ao mesmo tempo, sinais de egoísmo e de altruísmo.

Em alguns momentos, estamos prontos para dar a vida; em outros, centrados em nós, encurvados sobre nós de maneira estúpida.

Quando o salmista aponta uma categoria de pensamento que gera decisões bem-sucedidas, diz "dá fruto na época própria". Ele está falando de um estilo de viver o dia-a-dia que fará diferença em nossa vida profissional e afetiva, e em todas as outras áreas e campos que busquemos. Dá um toque de grandeza à expectativa quando declara: "Tudo o que empreende, prospera."

Isso significa que, em meio a lutas e crises, nossa mente, nossos pensamentos, nossas emoções e nossas decisões precisam ser tocados pela *palavra transformadora* que flui do *verdadeiro rio* — a Inteligência Infinita do Autor da Vida.

Você precisa deixar que essas águas fluam de seu interior.

Isso significa administrar as emoções com as habilidades e competências que são dádivas Daquele que é puro amor e misericordiosa graça sem limites.

Paulo, o de Tarso, quando escreveu aos cristãos gálatas, no primeiro século, assim se expressou sobre essa grande fonte, o pomar da vida, "os frutos do Espírito são amor, alegria, paz, longanimidade, benignidade, bondade, fidelidade, mansidão, domínio próprio", e acrescentou, "contra estes não há lei".

O que significa vivermos acima da mediocridade das baixas emoções que diminuem os potenciais e encarecem a inteligência.

No capítulo anterior, frisei que é preciso duvidar de tudo o que é negativo, eliminar todos os pensamentos negativos. Se você não o fizer, eles vão determinar as suas emoções; então suas emoções vão determinar as suas ações; e, finalmente, suas ações vão determinar os seus hábitos. E tudo isso produzirá o seu destino.

Portanto, o caminho é colonizar nossas emoções com novos pensamentos. Se você parar onde está, começará a definhar.

Invista na abertura de novas janelas em sua imaginação. Canalize seus pensamentos com a finalidade de expandir o ritmo cantante de emoções que gerarão decisões paradigmáticas e transformadoras de hábitos, estabelecendo assim uma jovialidade de alma e um caráter festivo rumo a um novo destino, que marcará gerações.

O conhecimento auxilia por fora,
mas só o amor socorre por dentro.

— Albert Einstein

Não prive as próximas gerações das riquezas que o Criador colocou em você, pois senão elas vão ficar empobrecidas e ser vitimadas porque você escolheu os cárceres emocionais, em vez da liberdade.

Então, se quer ser livre, mude seus pensamentos. A sabedoria dos primeiros cristãos nos traz a receita: "Transformai-vos pela renovação da vossa mente." Viver com a sabedoria como escolha implica ser mudado na mente, mudado por dentro.

A qualidade de vida começa em nosso interior. Thomas Edson inventou a lâmpada porque trazia luz dentro de si. Antes de nossos olhos contemplarem, eufóricos, uma obra de arte, ela foi vista pelo artista que a executou; estava dentro dele, energizada por emoções e sentimentos.

Antes de existir o Jardim do Paraíso, havia um jardim no coração de Deus.

Assim como o Gênesis se inicia falando de um jardim, o Apocalipse termina fotografando um jardim na nova cidade eterna.

Deus ama os jardins; Seu coração está marcado por emoções belas, estéticas, e Ele gosta disso.

Antes de criar o ser humano, Ele criou um jardim. Preencheu o caos — "a terra estava deserta e vazia" — com um jardim e "viu que era bom". E ao terminar o último ato da nova criação, novamente um jardim no meio da cidade santa.

No jardim, as emoções brotam, a natureza dança, todo o Universo é luz e todos os átomos dançam uma coreografia que celebra a vida em uma espiral gratificante.

Deus brinca e convida para a dança eterna.

Quando Jesus proclamou Deus como Pai, escandalizou os religiosos, pois disse que seu Pai é festivo e embala músicas de alegria. No final, chama a todos para participar da balada — "o novilho já está à mesa".

Vivendo a Cada Dia

Colonize seu sucesso.

— R. Schuller

Administrar as emoções com o coração festivo e agradecido é o segredo dos vencedores. Albert Einstein dizia agradecer pelo menos cem vezes ao dia.

Quando descobriu o que era a luz, disse: "Enquanto viver, quero ser um reflexo do que a luz é." A luz não era para ele apenas algo a ser visto, mas a ser vivido. Essa luz, ele a tinha não só fora, mas também dentro.

Muitas pessoas são derrotadas lá dentro, no território das emoções, antes de o serem na vida exterior. É necessário vencermos as emoções, porque assim, em vez de nos encarcerar, elas podem dar asas à nossa imaginação a fim de derrotarmos o gigante, como fez Davi. Mas isso só acontece se decidirmos pensar direito e resgatarmos nosso "eu" saudável.

Davi, o jovem hebreu, foi um vencedor porque não seguia os velhos paradigmas — "não sabendo que era impossível, ele foi lá e fez". Liberto de suas emoções, ele se imaginou vencendo, e assim tornou-se o paradigma daqueles que derrotam gigantes.

A Psicologia Multifocal preconiza uma das mais fundamentais leis da qualidade de vida, *administrar as emoções*, como um fruto das duas primeiras leis: *resgatar a liderança do "eu"* e *gerenciar os pensamentos*.

Nessa abordagem, voltamo-nos para o Autor da Vida, promovendo um caminho de sabedoria que implica gerenciar pensamentos. Termos uma mente sábia, gerando a cada dia novos pensamentos com qualidade, inevitavelmente nos conduzirá a uma efetiva administração das coesões.

Imagine agora uma maneira de colonizar o sucesso, tomar decisões determinantes, purificar atitudes, reconhecer possibilidades e focalizar metas. Coragem é uma escolha que determina o tipo de emoção que teremos. Somos frutos de nossas escolhas. Nossas escolhas são frutos do pensamento-emoção.

É salutar aprender com um dos maiores gerenciadores de emoções da História, Napoleão. Observe atentamente esta afirmação dele:

"Um poder superior me empurra para uma meta. Enquanto ela não for alcançada, sou invulnerável, imbatível; mas, se não tiver mais metas, bastará uma mosca para derrubar-me."

E também:

"Tremeis, majestade?", perguntou o soldado.

"Tremo, respondeu Napoleão," mas vou pegar aquele canhão à unha."

Falando agora um pouco da minha infância. Nasci num lar simples, meus pais tinham pouco estudo e menos recursos ainda, mas eram ricos de sabedoria. Não sei de onde alguns livros vieram, mas, logo na primeira infância, encontrei lá em casa *A História do Mundo para Crianças* e *Histórias do Jeca Tatu*, ambos de Monteiro Lobato.

Passei meus primeiros anos virando aquelas páginas. Acabei ficando fascinado por idéias e livros. Descobri que ler livros é um ato de amor, como disse o colega Rubem Alves. Comecei muito cedo a me apaixonar pelos livros. E minha mãe também lia muito, principalmente a Bíblia.

Naquela época, em especial a década de 1960, nosso país passava por uma situação difícil — eram crises, notícias muito negativas, conflitos políticos. Cresci ouvindo falar de crises, e que as coisas ainda iam piorar. Os jornais diários e o rádio falavam de maus tempos.

E eles vieram mesmo, havia falta de comida; as pessoas faziam fila para comprar arroz, feijão, açúcar; o óleo era escasso. Foi um período de muitas dificuldades, mas, quando vizinhos, amigos ou parentes falavam de crise, minha mãe dizia: "Muitas são as aflições do justo, mas o Senhor de todas o livra."

Ela transformava o ambiente da casa com essas palavras, pois elas abafavam os ecos daquelas notícias que poluíam a mente de todos. As palavras simples da minha mãe eram como um bálsamo poético que nutria meu coração.

Na aurora da minha vida, aprendi que, enquanto muitos ricos mendigam o pão da esperança, são inúmeros os pobres que saboreiam os nutrientes da paciência.

Compreendi que a sabedoria nutre. Hoje sei que a palavra "saber" também significa "ter sabor".

Sobre a sabedoria, Nietzsche disse que "a palavra grega que designa o sábio se prende, etimologicamente, a *sapio*, 'eu saboreio' e a *sapiens*, 'degustador'".

Em casa, tínhamos o hábito de degustar a sabedoria das palavras, e isso faz toda a diferença no jardim do pensamento, que se torna um pomar de sentimentos frutíferos, refletidos do manual do Grande Jardineiro, o Jardineiro Fiel.

Eu era curado, na hora, por palavras de sabedoria e de encorajamento. Aquele garoto estava sob o impacto de uma mãe que meditava na palavra, dia e noite.

Conseguíamos enfrentar qualquer crise, a qualquer hora, pois não faltava a vitamina F, de fé.

Minha mãe, com sua fé simples, e meu pai, com seus pensamentos bem articulados, fotografavam, em suas crianças, sonhos que engravidavam o futuro.

Isso é gerenciar as emoções pela palavra de sabedoria, pela Soberania Divina; é invocar a Mente Infinita para trazer saúde interior.

Se os religiosos fossem menos religiosos e mais humanos, seriam mais cristãos. Se aprendessem a julgar menos e amar mais, se não vivessem para controlar Deus, mas para ter comunhão com Seu Espírito, teríamos um povo mais saudável.

Esse princípio se aplica a qualquer religião, pois os grandes avatares tinham algo em comum: eram plenamente humanos, gerenciavam seus pensamentos e administravam suas emoções quando estavam no foco dos conflitos, e sempre surpreendendo. Por isso, foram o que foram.

O clamor unívoco de todos os grandes líderes espirituais da História sempre foi uma convocação para que seu povo se tornasse vitorioso.

Quando o livro mais vendido em todos os tempos diz que nós somos seres transcendentes, que podemos ultrapassar nós mesmos, fico imaginando o ser humano sob a luz do Espírito Criador, em crescente e criativa comunhão. Fico imaginando um despertar no coração humano de altares festivos de triunfantes e celebradoras alegrias.

Ou aprendemos a administrar nossas emoções ou seremos pessoas derrotadas.

Administrar as emoções é submetê-las ao governo de um "eu" saudável, ao governo da sabedoria. Mas falar de sabedoria é falar do Mestre dos Mestres, do Mestre Inesquecível, do Mestre da Vida, do Amor e da Sensibilidade — Jesus, o Cristo.

Administrar as emoções é ter o "eu" sob o governo da sabedoria e de suas interfaces.

Administrar as emoções é você ser livre para sentir, não mais prisioneiro dos sentimentos.

É ser guiado por uma voz interior e um poder transformador que nos foi dado pela Divina Providência. Quando guiado pelo Espírito Eterno, você não se deixa vencer pelas circunstâncias e adversidades.

O caminho vitorioso da sabedoria é colocar nossas emoções em sintonia com o Universo, de maneira a maximizar aquele tipo de pensamento que você mais deseja e rejeitar os pensamentos que encarceram a ousadia da esperança. Não permita que os outros incutam em você pensamentos negativos, obstruindo assim sua autoconfiança e autocontrole.

Esse privilégio de gerenciar os pensamentos e administrar as emoções, e de escolher decidir e decidir escolher, é um poder que nos foi dado pela Divina Sabedoria e, se exercermos essa habilidade, nada dentro dos limites do possível concedido ao ser humano poderá nos parar.

Com brilhante clareza, aponta-nos Napoleon Hill: "Não há exagero em afirmar que somos limitados apenas pela intensidade dos nossos desejos."

Quando nosso desejo é bastante forte, agimos como uma máquina turbinada, carregada de poder em uma dimensão quase sobre-humana, que capacita nossa competência de realizar sonhos.

Experimente, e você verá acontecer!

A Arte de Dançar no Pensamento

Cinco por cento das pessoas pensam; dez por cento das pessoas pensam que pensam; os outros oitenta e cinco por cento preferem morrer do que pensar.

— Thomas Edison

Quando você adquire o hábito de meditar, seus sentimentos firmam raízes em novas dimensões da profundidade de Deus — como a "árvore plantada na margem das águas correntes" — e o resultado é determinado pelas seguintes palavras: "Tudo o que empreende, prospera."

Somos seres espirituais, por essa razão podemos ir para um território em nós mesmos que está além das emoções e dos sentimentos; é o território do espírito humano, onde flui uma verdadeira torrente de sabedoria e graça divinas.

Mas também somos seres psicológicos e seres físicos. Temos um corpo físico que é movido por emoções, movido por um viver psíquico, porém habitado pelo espírito.

Somos, portanto, um campo de operações do Espírito de Deus, que habita em nós para nos libertar de nós mesmos e nos fazer encontrar o endereço do próprio coração.

Mas, se armazenarmos conflitos em nosso interior, tratando-o como um campo de batalha, o reino das emoções sofrerá ataques e baixas. Por outro lado, em crescente comunhão com o Espírito Divino em nosso ser mais profundo, experimentaremos uma paz interior que procederá do centro do nosso ser.

Essa é a avenida pavimentada da paz interior. E você poderá dizer: "Deus, Todo-Poderoso, ensinai-me a viver, ensinai-me a arte de superar minhas mazelas emocionais, ensinai-me a fluir em direção ao genuíno sentido da vida."

Uma saudável espiritualidade interior nos capacita para uma tarefa que resulta em hábitos de discernimento e competência, trazendo-nos uma intuição que conduz ao sucesso.

Deus, como Sabedoria Infinita, dá a você a percepção dos passos que deve seguir.

Isso gera um novo nível de paz interior e segurança diante dos percalços das labutas diárias, libertando seus pés das amarras para que você dance o samba do mercado cotidiano.

No trato da espiritualidade, você precisa ir mais fundo. Entrar em um território onde nada o destruirá, pois o Espírito Criador nos ajuda em nossas fraquezas.

Ele é nossa força diante das fraquezas emocionais.

Fortalece nossos propósitos e firma as intenções do coração.

Provê-nos de idéias criativas e pedagógicas na arte de progredir sempre, numa melhoria contínua e significativa.

Reescreve velhas conclusões, restabelece alvos e redireciona os passos do nosso caminhar.

É pela sabedoria da Mente Infinita que você investe em valores, conecta as possibilidades, prioriza as metas, determina os objetivos, mobiliza as competências, energiza os pensamentos, organiza novos planos, harmoniza as equipes, neutraliza a negatividade, reduz os riscos, manifesta os hábitos proativos, revitaliza a imaginação, amplia os resultados e derruba todos os gigantes.

Quando lemos na tradição bíblica sobre os heróis da fé, observamos que todos eles enfrentaram oposições, lutas e problemas sem conta. Mas venceram com uma grandeza de fé surpreendente.

Sobre eles lemos: "Da fraqueza, tiraram força."

A força não está no braço, mas na fé, pois é na fraqueza humana que o Espírito de Deus nos fortalece.

Da tristeza, tiraram alegria.

Aqueles primeiros cristãos colheram amor no território do ódio, esperança no solo do desespero, ousadia na casa do medo.

Assim como as borboletas dançam com o vento, como as aves abrem suas asas nas alturas, esses homens e mulheres dançavam com a fé.

Alguém, poeticamente, escreveu: "as borboletas parecem flores que o vento tirou para dançar".

É assim que vejo os heróis da fé — levados pelo vento, ninguém sabe de onde vieram nem para onde vão.

Escolhas, eis um Segredo

Nosso drama é que às vezes a gente joga fora
o certo e recolhe o errado. Da acomodação brotam
fantasmas que tomam a si as decisões:
quando ficamos cegos, não percebemos isso,
e deixamos que a oportunidade escape
porque tivemos medo de dizer o difícil "sim".

— Lya Luft

As emoções devem estar sob o governo de um "eu" saudável e resgatado, e que decide também edificar uma vida espiritual em comunhão com o Mestre da Vida.

Quando opta pela vida de crescimento interior, você se enche de entusiasmo. Em sua origem, a palavra "entusiasmo" significa "ser cheio de Deus em seu ânimo".

Quanto mais longe viajamos, mais avançamos para o interior de nós mesmos e mais nos aproximamos da Fonte Eterna inspiradora; com isso, em meio a todas as dificuldades, deixamos de ser prisioneiros das emoções doentias.

A Psicologia Multifocal recomenda que a lei da qualidade de vida se cumpra através de uma espiritualidade transformadora e madura. Ela consiste em cultivar uma intimidade com Deus.

E esse é o melhor caminho para a vitória que uma pessoa pode seguir, seja em sua vida profissional, seja em sua vida familiar ou afetiva.

Por todas essas razões, cultive uma vida que integre espiritualidade e realidade, e que reorganize suas emoções, enquanto você desconstrói os cárceres interiores, superando assim os medos.

O espírito do homem é a lâmpada do Senhor.

— Provérbios 20,27

Quantas vezes ficamos prisioneiros de nossas emoções! É como se, ao longo da vida, as pessoas criassem bairros doentios de sentimentos angustiantes em seu território da memória.

E o pior é que moram ali; passam ali todos os dias e noites de sua vida.

Construíram cortiços emocionais doentios e neles têm habitado. Existem pessoas que estão vivendo nas favelas da depressão, nas vielas do sentimento de inferioridade, nos becos sem saída do sentimento de autodesvalorização.

Suas emoções acabam tomando conta do território que habitam, em vez de habitarem o território do Espírito Eterno.

O Espírito de Deus nos conduz pelas ruas do Amor, da Paz e da Benignidade. Faz-nos dançar a coreografia do encanto pela vida na avenida do Domínio Próprio, ali, na esquina com a rua da Fidelidade Divina.

Reencontrar esse mapa no coração é ter, no embalo de cada momento, o privilégio gratificante das almas festivas ao explorar as surpresas de todas as ruas maravilhosas do bairro da Esperança.

Esperança Crescente é um bairro que o Criador tem a intenção de construir no terreno da nossa memória, por meio do seu Espírito. É onde Ele espera que você venha habitar, pois construiu novas casas, com novas e saudáveis janelas na memória.

Mas, se você pensar mal, plantar sementes de autocomiseração e mazelas de desespero, escolhendo palavras-sementes destrutivas, vai criar apenas favelas psíquicas.

Se isso acontecer, pratique de novo o D.C.D. — o Duvidar, Criticar e Determinar. Assim, ao duvidar das construções dos pensamentos negativos, você vai destruindo pouco a pouco os barracos no território das emoções; ao criticar o mal que essas emoções produzem em toda a sua existência, você estará removendo os entulhos; e, em seguida, ao determinar-se a novas atitudes por meio de novos pensamentos, você vai construir novos caminhos — isto é, novas redes de conexão em seus neurônios —, como se eles fossem as novas avenidas por onde trafegarão os sentimentos de autovalorização, auto-imagem positiva, amor-próprio, altruísmo, paz e contentamento.

Administrar as emoções é dar um choque de lucidez e inteligência em nossos medos, angústias, ansiedades, humor triste, agressividade e impulsividade.

Administrar as emoções é ter a ousada determinação de que você decidiu não viver na morada do medo.

É declarar a si mesmo: "Eu não vou viver na rua esburacada da angústia, não vou viver nos territórios da ansiedade. Contra essas coisas, nada vai obstruir meu caminho. Eu preciso ter meu humor controlado pelo Espírito, pela alegria do Espírito, pela bondade do Espírito, pelo domínio próprio do Espírito."

Administrar as emoções com sabedoria é você desenvolver a mansidão, a tranqüilidade e a tolerância. Mansidão é a convicção interior de que tudo está sob controle; é a fé.

Quando desenvolve a mansidão, você não fica irritado por qualquer coisa, pois sabe que a Divina Providência sempre dá a última palavra. Ao ter um coração agradecido, você vai abrindo portas à medida que pede, "Senhor traga-me o controle nas situações".

Não permita que as circunstâncias exerçam pressão sobre você. Deixe que a Mente Infinita exerça o controle nas situações. Compreenda que o que vier é para o seu aprendizado. Você pode aprender com as perdas e frustrações, pois há um propósito maior em tudo.

Certa vez, encontrei um velho cristão que criou uma bela prece de sabedoria. Copiei-a, enquanto ele falava:

"Quero mover-me na Grandeza Soberana, ser guiado pela Luz Divina. Que o Autor da Vida seja o autor da minha história; que o meu passado seja uma lembrança; que eu aprenda a arte do perdão. O meu futuro está sendo escrito com ricas promessas de vitória. E eu, no *agora*, decido viver na plenitude de um novo ser."

As mentes estão prisioneiras do medo e da ansiedade. E, na população em geral, isso acontece muito mais do que imaginamos.

Nos Estados Unidos, estudos recentes revelaram que, a cada quatro pessoas, uma apresenta ou apresentará ao longo da vida algum tipo de fobia ou ansiedade.

A Psicologia Multifocal encoraja-nos a não permitir que aquilo que os outros falam e pensam direcionem nossos pensamentos e emoções.

Quando cultiva o gerenciamento interior, você filtra o que ouve e permite que só as sementes de boa qualidade brotem em seu coração.

Em sua bela espiritualidade, o jovem poeta hebreu Davi escreveu há mais de três mil anos: "Guia-me até as águas tranqüilas."

Há arte nessas palavras; há um convite para que nos reencantemos pela vida.

Com inspiração musical, cuja principal nota é a paz, esse sábio poeta disse "sim" a uma existência sem culpa e sem sombras, e exposta a todos os riscos que a própria vida implica.

A Diferença

Nada de esplêndido jamais foi realizado,
exceto por aqueles que ousaram acreditar
que algo dentro deles era superior às circunstâncias.

— Bruce Barton

Ao administrarmos as emoções, aprendemos a praticar algo em falta no mercado — tolerância.

Somos seres contraditórios, portanto não há perfeição no ser humano; ninguém é totalmente equilibrado. Somos complexos, sim; e, mais ainda, complicados. Enfim, humanos.

Por isso, no território das irritações, todos nós temos carência de nutrientes relacionados à tolerância.

Ter tolerância é você voltar a acreditar que ser conduzido até as águas tranqüilas é um processo que o leva a enxergar a relação entre o "eu" saudável e a conseqüente espiritualidade.

Tolerância e amor são as marcas do ser humano que encontrou o endereço de si mesmo, que achou o mapa da existência e começou a celebrar a vida com gratidão altruísta e solidária.

Administrar as emoções é encontrar a temperatura certa da tolerância.

As pessoas monofocais são intolerantes, o que equivale a manifestar, na vida, um mecanismo imunológico de rejeição. Na prática, significa excluir e recusar aqueles que não estão em conformidade com o que elas pensam e acreditam.

Mas gerenciar pensamentos com solidez multifocal é compreender a democracia das idéias, é compreender que as idéias precisam ser respeitadas e expostas, jamais impostas. As pessoas fortes dialogam sobre o que pensam, as fracas impõem idéias.

As boas consciências aprofundam as causalidades, portanto são capazes de respeito mútuo.

As consciências historicamente desatualizadas impõem de modo ditatorial o que não entendem direito, pois se tornaram prisioneiras das convicções, em geral, as dos outros, não as suas próprias.

Von Foerster nos deixou um belo pensamento: "Aja de maneira que o outro possa aumentar o número das escolhas possíveis."

Amor é também coragem. Todo amor é medicina.

— Edgar Morin

O amor também é medicinal. Ele é básico para a qualidade de vida dos seres humanos. Leva-nos à realização do "eu" saudável, mesmo em meio aos conflitos.

Administrar as emoções é desenvolver serenidade, bondade e gentileza na cumplicidade das amizades.

É quando a qualidade pessoal dos amigos importa muito mais que a qualidade de seus bens e opiniões. E isso vai influir em todos os relacionamentos — com a família, com os filhos, no casamento, com a vida em geral. Precisamos desenvolver mais nossas qualidades, sendo mais serenos, bondosos e gentis. Deus atua em nós para nos deixar cada vez mais próximos desse objetivo.

Administrar as emoções altera nossa gestão de pessoas, superamos a camaradagem pelo estabelecimento de amizades. "O amigo é o irmão por escolha", afirmou Edgar Morin.

Aprenda, na escola do Mestre do Amor, a cultivar de maneira multifocal uma vida com mais bondade e mais gentileza; a aprimorar gestos de filhos de Deus; a desenvolver a satisfação e o prazer de viver.

Existe hoje uma nuvem de mau humor e falta de amor nas organizações, nas religiões e nas famílias. Portanto, é mais do que necessário buscarmos, propagarmos e protegermos a ética do amor.

Somente um amor cúmplice e apaixonado pela humanidade poderá resistir à crueldade do mundo. Esse é o amor que nos ensina a viver na incerteza e na inquietude, porém com coragem e ousadia — a ousadia da cooperação humana.

Na sociedade da incompreensão, administrar as emoções se faz necessário.

Sem dúvida, neste início do século XXI, as notícias anunciam o império da incompreensão, que faz estragos nas famílias, nas empresas, na política nacional e mundial, e torna medíocres os povos e as raças. Com sua onipotente presença, a incompreensão gera os mal-entendidos planetários.

Quando gerencia os pensamentos e administra as emoções, você é convocado a ter uma qualidade de vida que parte de seu interior e que implica perceber melhor os outros.

Ao compreender o próximo, limitamos a hostilidade, o desprezo e o ódio. Resistimos com grandeza humana ao círculo vicioso e contagioso da violência.

Administrar as emoções, de acordo com a Psicologia Multifocal, implica compreender que o amor leva à compreensão do outro. E isto é respeitar — *expor* convicções, nunca *impor* convicções.

Sabedoria é estar ciente de que a falta de amor impede o reconhecimento dos potenciais e da singularidade do outro.

No entanto, o excesso de amor impede a autonomia criativa do outro, obstrui a liberdade de ele ser ele mesmo.

E isso tem a ver com todos nós. Não pense que os intelectuais e religiosos ficam de fora desses princípios. O mundo religioso e o intelectual, que deveriam ser os mais compreensivos, estão, ao contrário, gangrenados pelo narcisismo autoglorificante do egocentrismo.

Amar e compreender multifocalmente significa parar de medir o outro com nossas próprias medidas e começar a vê-lo em sua integridade multifocal.

O homem consegue ultrapassar a si mesmo e transpor suas medidas, por isso é importante compreender e reconhecer que há muitas coisas incompreendidas no ser humano. Essa é uma das maravilhas que faz da vida um espetáculo imperdível.

Administrar as emoções é desenvolver o prazer de viver, o prazer de viver o amor, e essa é uma obra da Fonte Eterna no território das nossas emoções.

É superar as emoções que geram transtornos psíquicos e fertilizam as ervas daninhas do ódio, dos ressentimentos e das indecisões.

É superar as emoções que estão atrapalhando e bloqueando uma criatividade carregada de sonho e imaginação a serem pintados na paisagem da história dos povos.

É fazer parte dos militantes que buscam libertar os milhares de pessoas que vivem uma vida fracassada, com cordas amarrando suas almas.

Conta-se a história de um homem que, numa noite escura, entrou em seu velho barco e se pôs a remar. Passou a noite inteira remando rumo ao seu destino — sua casa, na outra margem do rio. Mas nada de chegar. Só ao amanhecer descobriu que continuava no mesmo lugar; havia se esquecido de desamarrar o barco.

Embora frustrante, é um bom exemplo daqueles que querem navegar pelos rios da vida em busca de êxito e sucesso, mas se esquecem, infelizmente, de desatar as cordas emocionais que os prendem a uma única margem da vida.

O Poder de se Reinventar

O homem não é a soma do que ele tem, mas a totalidade do que ainda não tem, do que poderia ter.

— Jean-Paul Sartre

A verdade é que muitos indivíduos estão amarrados a mentiras interiores do tipo "eu nasci assim, vou viver assim e morrer assim", lembrando a letra da música-tema da novela *Gabriela, Cravo e Canela*. Quantos "gabrielões" existem por aí! E talvez amarrados a um complexo de inferioridade que diz "não consigo fazer melhor", ou seja, um obstáculo impedindo-os de avançar.

Um complexo de autodesvalorização em quem muito ouviu: "Você nunca vai ser nada na vida; quem nasceu pra vintém nunca chega a mil réis."

E assim vão se estabelecendo estações internas na ferrovia das emoções, num vai e vem de estação em estação, sem nunca a pessoa conseguir ter seus potenciais livres para alcançar o mais autenticamente possível o "ser em si".

Administrar as emoções significa dizer "tudo posso Naquele que me fortalece", e agir de acordo com tal crença.

Significa compreender, de modo disciplinado, que "tudo o que empreendo, prospera", "tudo o que faço é bem-sucedido", e, ao mesmo tempo, com coragem colocar-se a caminho, rumo ao empreendimento, pois a pessoa aprendeu com o provérbio chinês que "uma jornada de mil quilômetros começa no primeiro passo".

Se os pais dessem a seus filhos a coragem e a ousadia empreendedora, desenvolvendo neles emoções que são frutos de escolhas e decisões, e se os pais deixassem que suas emoções saudáveis fossem fotografadas pelos filhos, teríamos mais empreendedores e menos jovens com mentes prisioneiras.

Você é um encorajador porque foi encorajado.

Você é um abençoador porque é abençoado.

Mesmo que não haja um caminho, você o cria.

Se não tiver o mapa, você o desenha, porque tudo o que empreende prospera.

Lembre-se que bênção retida é bênção perdida, bênção compartilhada é bênção multiplicada. Potencial retido é potencial falido, potencial aplicado é potencial maximizado.

Por que alguém é bem-sucedido? Porque medita de dia e de noite, inundando seus pensamentos com palavras de vitória.

Quando age assim, você abre a possibilidade do seu "eu" navegar em oceanos enriquecidos pelo Criador do Universo desde tempos eternos.

Toda a bondosa criação conspirará a seu favor, como um ato dançante ao ritmo frenético do dançarino principal, o Senhor da Vida.

Em vez de se sentar na roda dos maldizentes e negativistas emocionais, você operacionaliza a dinâmica da fé, pois, como uma torre de recepção, atrai para si as riquezas ocultas do Universo.

Suponhamos que, em vez de encalhar no caminho da opressão e dos vícios, você dê largos passos nas avenidas rejuvenescedoras das emoções saudáveis. Isso tornará você imbatível.

Você pode controlar as suas próprias emoções e reações, e é isso que faz a diferença.

Não há exagero em afirmar que somos limitados
apenas pela intensidade dos nossos desejos.

— Napoleon Hill

Portanto, cada pessoa precisa assumir a liderança de seu "eu" e, a essa liderança, somar a fé.

Não importa qual a sua crença religiosa, você sempre pode usar a liderança do "eu" somada à fé. Mas permita-me colocar com palavras cristãs. Diga a si mesmo: "Eu não vou me sentar na roda dos escarnecedores e não vou me comportar de maneira destruidora. Pois quero andar no caminho do Criador, compreender a Mente Eterna e ter as vibrações emocionais do Coração Divino, no Braço Forte, na palavra da Fonte da Vida. As minhas raízes estão na margem do rio de águas tranqüilas. Sou curado a partir de dentro; estou saudável."

Para ter vitória sobre as emoções, é preciso você meditar em palavras de boa qualidade, assumir essas palavras e viver de acordo com elas.

É importante ensinarmos as crianças a meditarem em boas palavras, pois elas vivem em um mundo predatório e competitivo. Quando derrotarem os gigantes das emoções, elas conhecerão, na prática, o que disse o Mestre da Galiléia: "O que está em vós é maior do que o que está no mundo."

Identificar para Mudar

A única maneira de descobrir os limites
do possível é ir além deles, para o impossível.

— Arthur C. Clarke

Como surgem as emoções? E como administrá-las?

As emoções surgem da cadeia de pensamentos, e são produzidas pelo processo de leitura da memória, que é realizada em milésimos de segundo por nosso cérebro.

Então, as emoções surgem porque há pensamentos. Os pensamentos são gerados a partir de um fluxo de energia psíquica, acionado pelo gatilho da memória.

Uma frase ou uma lembrança funciona como um gatilho dentro da memória. Assim como uma âncora, fixa-se em um território, que muitas vezes se trata de um bairro doentio, com emoções doentias.

Com base nessa experiência, começam a surgir as redes de conexões, acompanhadas do fluxo de pensamentos relacionados a outras emoções e processados numa velocidade super-rápida, sem que o "eu" tenha tempo de tomar qualquer decisão de parar o processo ou mesmo avaliá-lo. Somente depois de alguns minutos ele consegue agir. Enquanto isso, muito estrago foi feito.

Será que conseguimos mudar essa cidade? Sim. Ela não pode ser deletada, mas pode ser reeditada. Esse será o tema do próximo capítulo.

Embora a Psicologia Multifocal preconize que todo esse entulho psíquico possa ser administrado, o fato é que a maioria das pessoas tem construído sua vida intrapsíquica nesses territórios arquivados na memória, e passado a maior parte dessa vida lá, sem ter consciência disso.

Segundo Augusto Cury, em seu livro *Superando o Cárcere da Emoção*, a Psicologia Multifocal nos diz que "O que você pensa determina o que você sente. O que você sente determina o que você registra em sua memória. O que você registra determina os alicerces de sua personalidade. Cuide de sua qualidade de vida, cuidando dos seus pensamentos."

Todas as vezes que surge um sentimento, antes foi produzido um pensamento; então o sentimento precisa ser mudado no pensamento. Por isso o "transformai-vos pela renovação da vossa mente".

Na próxima vez em que você acordar mal-humorado e deprimido, saiba que dentro da sua mente houve uma leitura da memória, nas cadeias dos pensamentos, e isso gerou seus sintomas.

Mas, se acordar pela manhã adorando o Autor da Vida, com o coração agradecido e pronto a agradecer outras centenas de vezes no decorrer do dia, você mudará todo o destino desse dia.

Depende de você!

Basta reciclar as emoções que bloqueiam a inteligência e nos fazem agir sem pensar; isso vai habilitar-nos a eliminar os obstáculos. São inúmeras as pessoas que precisam enfrentar o dia-a-dia do seu trabalho com inteligência, mas o trabalho não flui, fica amarrado, e elas acabam reagindo sem pensar, e, por não pensar, reagem quando o melhor seria agir.

O importante é aprendermos a ter pensamentos saudáveis que honrem e dignifiquem o Criador. Quanto mais maximizamos o que somos e o que deveríamos ser, mais honramos a fonte da nossa origem.

Uma mensagem da Psicologia Multifocal é "aprenda a permanecer jovem no único lugar em que é proibido envelhecer, no território da emoção". Infelizmente, muita gente está envelhecendo em suas emoções. Uma mente velha em um corpo jovem antecipa a velhice física.

É surpreendentemente maravilhoso encontrar mentes jovens em corpos envelhecidos pela natureza. Pessoas que aprenderam a estética do envelhecimento saudável, que celebram a memória, enquanto vivem a cada momento como se este fosse único, uma dádiva a ser usufruída e celebrada ao ritmo poético do vento.

Portanto, é fundamental você administrar as emoções para não envelhecer. Eis uma espiritualidade cristã a ser redimensionada — em várias ocasiões os Evangelhos afirmam que "se não formos como as crianças, não entraremos no reino dos céus".

O reino de Deus é o reino das crianças, é o Espírito jovial da divindade, do Deus revelado por Jesus de Nazaré. Onde Deus não é mais o "ditador implacável" das religiões, mas o festivo Pai das parábolas, que dá festas nos céus diante dos pecadores arrependidos.

Jesus, o Cristo, celebra a juventude como algo interior, a ser dignificado na eternidade. Faz de seu reino proclamado a festiva realidade que expressa o coração de Deus. É por isso que a antiga sabedoria dos pais cristãos anunciava a doutrina da Trindade como uma *pericorese* divina, que significa "dançar em círculos". Os pais cristãos afirmavam, desse modo, que o Deus Triuno era uma divindade dançante.

Assim somos convidados a uma saudade interior que nos rejuvenesce por dentro e nos faz navegar nos oceanos das emoções festivas. Rejuvenesça nas emoções, ao ritmo suave da Fonte Eterna, que jorra em nosso espírito e nos solos da nossa alma, enquanto os montes rompem em cânticos e as árvores batem palmas em festiva esperança, fazendo de toda criação o cenário celebrante dos filhos de Deus.

Declare a si mesmo que está proibido de envelhecer. Sorria porque você está cada vez mais jovem. Ser jovem no único lugar que não se pode envelhecer — o território da emoção. E essa é uma decisão que você pode tomar.

Jesus de Nazaré nos rejuvenesce, pois seu labor é nos ajudar em nossas fraquezas. E a nossa pior fraqueza é nos deixarmos envelhecer pelos pecados de sempre: violência, ressentimento, amargura, medo, inveja e, por que não, todos os sete pecados capitais que antecipam, em muito, o envelhecimento. No entanto, a Mente Sábia e Infinita pode mudar nosso interior, levando-nos a emoções alegres e sem preconceitos.

Decisão Importante

Não temas desistir do bom para buscar o melhor.

— Kenny Rogers

O ser humano foi criado para amar seus semelhantes e usar as coisas, mas ele inverteu, começou a amar as coisas e a usar seus semelhantes.

As pessoas que agem segundo essa inversão, com o tempo vão ficando muito rígidas em seus pensamentos, tornam-se máquinas insensíveis e coisificam os parentes, amigos e colegas. Logo se transformam em criaturas sem face e escravas das coisas, sem atentarem para a brevidade da vida.

Fomos criados para viver, por isso aprenda a arte de viver, a arte de sonhar.

Quem não tem sonhos não tem visões nem tem metas. Mesmo que pense estar vivo, está morto.

Abra a porta das suas emoções para receber a alegria, pois sendo divina, ela é a nossa força.

Seja livre no único lugar em que não podemos ser prisioneiros — em nosso interior. Ninguém pode fazer você se sentir mal, a não ser que você dê permissão.

É tempo de decretar a alforria a si mesmo, saindo das prisões do medo neurótico, das masmorras da amargura, da escravidão dos ressentimentos e dos campos de concentração das idéias negativas, que nunca tiram folga em seu turno diário de 24 horas.

É tempo de liberdade e de qualidade de vida, mas a partir de dentro.

JOGUE FORA AS BATATAS

Um professor havia pedido a seus alunos que, na aula seguinte, trouxessem batatas velhas em um saco, mas sem determinar a quantidade delas.

Quando chegou o dia, o professor foi, de aluno em aluno, escrevendo em cada uma das batatas o nome de uma emoção negativa: ressentimento, amargura, medo, raiva, ira, falta de perdão; enfim, todas as emoções negativas.

Pediu então que os alunos colocassem as batatas de volta no saco e andassem com elas nas costas por uma semana. Para todos foi uma experiência chatíssima, mas pior ainda para aqueles que tinham levado muitas batatas — o peso era insuportável.

Durante aquela semana, as batatas começaram a apodrecer e ficar com mau cheiro, o que piorou ainda mais a situação.

Os alunos perguntaram então ao professor se podiam jogar fora as batatas podres. A resposta do professor surpreendeu a todos: "Vocês poderiam ter jogado fora as batatas desde o primeiro dia."

E concluiu, dizendo, "vocês não precisam continuar carregando as emoções negativas e, se elas estiverem podres, menos ainda. Quando tiverem batatas podres, livrem-se delas o mais rápido possível".

Moral da história: as emoções negativas são como batatas podres. E existe gente carregando batatas podres há mais de quarenta, cinqüenta anos! Elas já se multiplicaram na horta da memória.

Administrar as emoções é pegar as batatas podres e jogá-las no lixo. É cessar os velórios psíquicos. As emoções negativas são um péssimo investimento, pois além de envelhecer, cheiram mal.

Minha pergunta é: qual o significado de tudo isso em nossa vida?

E a resposta: sermos livres no único lugar em que não deveríamos ser prisioneiros. Sairmos imediatamente dos cárceres do medo e da ansiedade. Diga "não" a emoções negativas, tais como o medo de viver e o medo do futuro, gerados por pensamentos antecipatórios.

Não arranje desculpas para você mesmo dizendo "eu não posso", "eu não consigo", "eu não nasci para isso", "eu não tenho sorte". Se quiser, você pode vencer esses pensamentos.

Tornando-se Vibrante e Saudável

Nada tema se encontrar alguma oposição.
Lembre-se de que a "pipa" do êxito ergue-se geralmente contra o vento da adversidade, e não com ele.

— Napoleon Hill

A vida exige que as pessoas sejam ousadas, decididas, que parem de arranjar desculpas. Que vivam uma vida vencedora, pois são filhas de Deus. Você é a imagem de Deus, por isso não foi criado para a derrota, mas para expressar sua verdadeira imagem e para ter uma realização pessoal.

No entanto, é preciso alertar: a Inteligência Multifocal não advoga que você será uma pessoa plenamente equilibrada. Se o que você deseja é ser alguém rigidamente equilibrado, desista, pois não conseguirá. Sempre existirão dificuldades porque, por um lado, você é um *Homo sapiens*, mas, por outro, é um *Homo demens*. "De sábio e de louco, todo mundo tem um pouco."

Mudança é caminhada.

É progredir a cada dia.

É um maravilhoso e surpreendente processo a cada momento.

A cada dia, um novo aprendizado. Todos nós estamos em mudança; quer a gente queira ou não, somos seres em movimento. "Ninguém atravessa duas vezes as mesmas águas de um rio", disse Heráclito. Porque, no rio, as águas já são outras, mas você também mudou.

Talvez algumas pessoas façam uma idéia equivocada de você, baseadas em seu passado, mas elas estão erradas. Sabe por quê? Porque você está sempre mudando, não é mais aquele de ontem. Todos nós estamos mudando o tempo todo.

Você não é mais o mesmo que começou a ler este livro. À medida que você lê, novas redes de conexões vão sendo criadas por seus cem bilhões de neurônios, através de trilhões de sinapses.

As pessoas que ficam falando de problemas e se concentram nas mazelas dos outros acabam especialistas em lixo emocional, são guardadoras de lixo. Existem muitas que freqüentam os velórios psíquicos, vivendo amarradas às mazelas emocionais do passado, sendo prisioneiras do ontem, e, com isso, perdem o agora e matam o futuro.

A proposta e o convite da vida com sabedoria é deixar de ser o gigante mostrado por fora, mas que esconde uma enorme fragilidade de dentro.

Os que agridem são pessoas frágeis; os fracos acusam, maltratam e desrespeitam.

Os fortes dialogam e respeitam.

Ser governado por um "eu" saudável, em comunhão com o Grande Arquiteto, torna-se o paradigma de um modo de viver que vale a pena. É não deixar que o fluxo de energia psíquica que forma os pensamentos aja de maneira solta e descontrolada, mas pedir ao Criador da Vida para nos auxiliar em nossas fraquezas, trazendo Sua luz e Seu controle amoroso.

Peça ao Criativo Deus que reescreva sua história, reformate suas expectativas, devolvendo ao "eu" a co-autoria das saudáveis interferências do Grande Diretor do teatro da existência.

Sob essa tutela, aprenderemos a transformar todas as perdas em lições de vida.

Alguns homens vêem as coisas
como elas são e perguntam: "Por quê?"
Eu sonho com as coisas
que nunca foram e digo: "Por que não?"

— George Bernard Shaw

Precisamos entrar nesse território e dizer: "Deus, tenho errado, tenho falhado, ensinai-me a viver com todas essas lutas na vida. Só a Sua Luz pode me curar, só a Sua Grandeza pode trazer-me um modelo de vitória."

Se nossas escolas tivessem um sistema educacional melhor, as pessoas teriam mais qualidade de vida. Nossos filhos seriam treinados a melhorar a qualidade de seus pensamentos, que gerariam emoções melhores.

Descobririam não apenas como resolver os problemas de matemática, mas como maximizar os potenciais e multiplicar a compreensão. Aprenderiam não apenas a ler poesias, mas a fazer da vida uma poesia. Não apenas a estudar História, mas a produzir sua história.

Não seriam apenas gerenciados, mas gerenciariam suas próprias emoções. Seriam gestores de idéias, gestores de lucidez humana.

Aprenderiam a ser, conviver e fazer, além de conhecer. Não seriam apenas especialistas em resolver problemas na escola, mas também especialistas em resolver problemas na vida.

Diante das rejeições, angústias e dificuldades, aprenderiam a agir emocionalmente, mas de maneira salutar.

Muitas vezes eles sabem exatamente como é um átomo, mas não sabem como é seu próprio ser. "Triste época!", escreveu Albert Einstein. "É mais fácil desintegrar um átomo do que um preconceito."

O Poder da Espiritualidade

Nada há de tão poderoso como
uma idéia cujo tempo chegou.

— Victor Hugo

Com uma saudável espiritualidade e com uma crescente comunhão com Deus e sua Mente Infinita, seremos fortalecidos em nosso "eu" interior, resgatando assim as possibilidades e as competências do nosso potencial. Podemos resgatar o sentido da vida e nos libertar da irritabilidade e das incompreensões existenciais. Podemos curar o medo do amanhã e o medo do medo.

É nessa espiritualidade fortalecedora do Todo-Poderoso que podemos praticar a palavra doce e equilibradora das Escrituras: "Lançai toda a vossa ansiedade sobre Aquele que tem cuidado de vós."

"Deixe os pensamentos de Deus dominar sua vida, pois Ele guardará seus pensamentos e sentimentos em Jesus, o Cristo", disse o apóstolo Paulo. Esses sentimentos ficam então sob o governo do Príncipe da Paz, ficam cativos do amor e do propósito, carregados de significados transformadores.

Estou propondo a você uma majestade nova, um "eu" saudável que rejeita as velhas emoções negativas, detonando-as por meio de sua entrega ao Autor da Vida, que sempre planejou a dádiva perfeita a fim de que nossos territórios emocionais fossem uma fotografia bem-feita da maquete original — o Espírito Criador do mundo.

Portanto, o Criador das emoções quer e pode, com seu diapasão harmônico, afinar nossas emoções. Ele criou nossos nervos, então consegue afiná-los. Mas se não permitirmos, no desafino dos conflitos, o som emanado vai aborrecer. "Em nervos destroçados, o diabo toca piano", diz um provérbio alemão.

Determine-se a lançar fora a insegurança.

Determine-se a jogar fora toda a sua agressividade, dizendo: "Criador da Vida, controle minha mente e minhas emoções com Sua Mente Infinita. Quero e preciso que esse território seja completamente resgatado de sua maneira errada de ser."

Assim como o Mestre da Sensibilidade andou pelas estradas da região da Galiléia, que Ele possa também caminhar pela galiléia do meu coração, trazendo perdão e toques terapêuticos, curadores e renovadores. Que as praias do meu coração possam experimentar a abundância de Seus milagres, e que meus potenciais originais sejam descobertos, liberados e maximizados.

Administrar as emoções é treinar a emoção de modo que você não seja mais uma marionete do mau humor, não seja uma vítima do *stress* da vida cotidiana e dos ressentimentos, isto é, das emoções em marcha a ré. De modo que você libere seu perdão para o ontem, recrie o passado e plante sementes de esperança nos territórios onde o negativo reina.

O Criador nos criou para sermos felizes, por isso nos deu Sua Luz. Jesus chegou a dizer "vos dou a minha alegria para que a vossa alegria esteja completa". Podemos interpretar essas palavras como "alinhem-se com a minha emoção".

E quando disse "a minha paz vos dou", não estava falando da paz que os políticos prometem, mas da paz que ele trazia em Si mesmo. Ele quis, como Mestre da Sensibilidade que era e é, convidar-nos para andar e viver na Sua paz.

E depois de tudo, enviou Seu Espírito de Amor para nós, seres humanos, termos amor, alegria, paz, longanimidade, benignidade, bondade, fidelidade, mansidão e domínio próprio.

Na comunhão espiritual com o Mestre das Saudáveis Emoções, aquele que pede, crê e recebe apropria-se do que mais busca em seu interior — qualidade de vida. Desse modo, viver torna-se o mais fascinante milagre sobre a Terra. Nosso coração se transforma em pátria de Deus, com as emoções adocicando nossos ouvidos e mentes como uma música afinada pelo tom, harmonia e melodia do Maestro Maior.

Essa experiência deveria ser a normalidade de cada um de nós. Automaticamente, estarmos livres das mágoas. Termos o prazer de viver e existir, enquanto navegamos com segurança nas turbulentas águas das relações sociais.

Sim, ainda passaremos por lutas e dificuldades. Enfrentaremos ainda situações difíceis na vida, mas sempre podemos dizer: "Que mesmo em meio às tribulações e os furacões da vida, eu tenha paz, bondade e alegria."

Graça e misericórdia hão de seguir-me
por todos os dias da minha vida.

— Salmos 22,6

Uma Boa Receita

O Dr. Drauzio Varella escreveu, em um artigo intitulado *Se não quiser adoecer*, que, se não quisermos ficar doentes, devemos falar dos nossos sentimentos.

As emoções e sentimentos que são escondidos ou ficam reprimidos acabam provocando doenças, tais como gastrite, úlcera, dores lombares e problemas de coluna. E, com o tempo, os sentimentos reprimidos talvez se degenerem em câncer.

Vamos desabafar e compartilhar nossos sentimentos e erros. O diálogo é um poderoso remédio e uma excelente terapia.

Imagine-se dizendo a cada dia: "Deus, mude as minhas emoções. Quero ser liberto de todos os sentimentos negativos, de tudo o que não faz parte de Sua vontade, de tudo que não faz parte de Sua palavra em minha vida."

Se não quiser adoecer, tome decisões.

Mas, quando digo decisões, significa ter decisões sábias. Peça sabedoria divina a fim de poder não só escolher como fazer a melhor escolha possível, pois a pessoa que permanece na dúvida, na ansiedade e na angústia, e acaba não tomando decisões é alguém que vive acumulando problemas, preocupações e agressões.

A vida humana é feita de decisões. As pessoas indecisas geralmente são vítimas de doenças nervosas. Tome, então, decisões, mas peça sempre que a Fonte Eterna lhe dê orientação para que essas sejam boas decisões.

Se não quiser adoecer, busque soluções.

As pessoas negativas não enxergam as soluções e, com isso, aumentam os problemas. Muitas vezes preferem a lamentação, a murmuração e o pessimismo.

A melhor maneira de você enfrentar a escuridão não é se lamentando, mas decidindo por uma solução muito simples, como, por exemplo, acender um fósforo.

Lembre-se sempre de que as pequenas abelhas ferem dolorosamente, no entanto produzem o que existe de mais doce, o mel.

"Somos o que pensamos", como disse Epiteto; e parafraseando Shakespeare, "somos do mesmo tecido dos nossos pensamentos". O pensamento negativo gera energias negativas que se transformam em doenças. Portanto, seja refratário a emoções e sugestões negativas.

Se pensar negativamente, você será uma fábrica de doenças; por isso, é preciso ter emoções e pensamentos transformados pelo Autor da Vida.

Diante dos alimentos, faça a oração: "Todos os alimentos sólidos e líquidos que eu ingerir vão funcionar como um remédio natural e restaurador, curando tudo o que precisar ser curado. Amém."

Diga ao Autor da Vida que Ele é a expressão da sua alegria e saúde. Receba, a cada manhã, a saúde que Ele tem para lhe dar. Receba em suas células, em seus neurônios, a força Daquele que tudo pode.

Ele é nossa melhor solução.

Se não quiser adoecer, não viva de aparências.

Quando uma pessoa quer esconder a realidade, ela finge, faz pose, para dar a impressão de que está bem. Sabemos que esse não é o melhor caminho. No mundo, já existem pessoas demais com cabeça de ouro e um corpo rígido como aço, mas, infelizmente, com pés de barro; uma pequena pedra que role da montanha do tempo põe abaixo tudo isso. A vida é breve, um conto ligeiro; como dizem as Escrituras, "Tudo passa rapidamente e nós voamos".

Varella diz que "nada é pior para a saúde do que viver de aparências e fachadas; são pessoas com muito verniz e pouca raiz; seu destino é a farmácia, o hospital e a dor". O Salmo primeiro diz algo semelhante, mas com outras palavras, "são como a palha que o vento leva".

Mas você pode ter raízes junto às águas correntes. Diga todos os dias: "Deus, Vós sois minha saúde, Vós sois minha força. Quero depender de Vós a cada momento, a cada instante."

O Todo-Poderoso — que é nossa sabedoria, nosso criador e melhor amigo — pode fortalecer nossa inteligência espiritual ao guiar nossa saúde, dando-nos discernimento na alimentação e nos cuidados pessoais. Assim, dormiremos melhor, com a saúde fluindo de dentro para fora, e viveremos para o contentamento do Autor da Vida, não para a mediocridade do mundo coisificado e coisificante.

Se não quiser adoecer, aceite-se.

Isso me faz lembrar o que afirmou Tillich, uma das mais brilhantes mentes do século XX: "Quando aceitamos que fomos aceitos por Deus, estamos curados." É por isso que a ausência de auto-estima, a rejeição de si mesmo e a falta de amor-próprio são alguns dos maiores males da civilização atual.

Aceite que Deus o aceitou, e isso afetará sua saúde.

Não seja algoz de si mesmo.

Não somos nós que aceitamos Deus, é Ele quem nos aceita. E porque fomos aceitos, podemos nos aceitar. Aceitar a aceitação, eis o segredo. É esse o núcleo de uma vida saudável, pois quem não se aceita, torna-se invejoso, ciumento, competitivo e maledicente.

São faladores da vida alheia porque nunca se aceitaram e nunca se amaram, nem descobriram o amor divino. São pessoas adoecidas, murmuradoras e queixosas. Para elas, "o inferno são os outros, sempre".

Se você não quiser adoecer, confie.

A fé remove montanhas. Quem não acredita não se comunica, fecha-se como uma ostra, obstrui as relações, é superficial nas amizades. E, sem confiança, não existem relacionamentos com cumplicidade.

A desconfiança gera em nós uma falta de autoconfiança e um ar de desalento, mesmo diante do espelho.

Quem planta confiança colhe saúde.

Se você quiser ser saudável, como um modo de vida, pratique o bom humor, dê boas gargalhadas. Programe mais lazer, viva a alegria, celebre novas amizades. Administre a longevidade. Em qualquer ambiente que estiver, seja uma torre de transmissão de alegria e felicidade.

Alegria é saúde e medicina.

Jesus disse: "A minha alegria vos dou, a minha paz vos dou. Falo essas coisas para que minha alegria esteja em vós e vossa alegria seja completa, seja plena."

Alimente seus sonhos. Dê asas à imaginação. Dê a você mesmo a chance de voar no tapete mágico da esperança, exorcizando a mesmice.

Uma vida em que faltam sonhos e metas é um rio sem nascente, uma praia sem ondas, uma manhã sem orvalho, uma flor sem perfume; é como a águia sem o vento, o mapa sem as estradas, o céu sem as estrelas.

Sem sonhos, os ricos vivem como miseráveis e os intelectuais como néscios. Os sonhos fertilizam a imaginação e engravidam a história de realizações a serem celebradas em danças e festas pelas próximas gerações.

Por isso, restaure seus sonhos, restaure os sonhos de Deus em sua vida, e comece a ter qualidade de vida a partir de dentro.

Para Meditar

Senhor, tire de mim os pensamentos perturbadores, ajude-me a duvidar de qualquer frase ou conselho que venha dos cárceres da negatividade. Livre-me de toda voz negativa que proceda do meu passado e que esteja encravada em memórias mal-formadas e petrificadas, existentes em meu interior.

Convido Sua Mente Infinita a questionar as minhas reações erradas a fim de desconstruir as fortalezas das minhas ansiedades. Quero ter meu "eu" resgatado para que possa estar livre das amarras. Que eu venha a superar as doenças sem causa real.

Eu não posso mais continuar a viver sem que Você seja o Jardineiro principal do meu jardim, o jardim das emoções. Senhor, arranque as ervas daninhas, trabalhe em mim, pois sou a horta de Seu agir transformador.

Que minhas emoções sejam administradas pela Sua soberana presença, a Inteligência Infinita. E que minha vida interior se torne um oásis para meu corpo e para meus bilhões de neurônios, dando-me assim um novo futuro.

Tire de mim o conformismo, que muitas vezes faz com que eu me adapte ao lixo emocional. Liberte-me das psicoadaptações que alimentam tantas vezes minha vida emocional, bloqueando minha inteligência e ofuscando minha lucidez espiritual.

Que toda angústia e toda fonte de depressões sejam tiradas de mim. Senhor, proteja minhas emoções, pois muitas vezes tenho sido hipersensível. Minha vida não pode ser o eco de uma hipersensibilidade doentia; minha vida precisa ser um eco dos sentimentos do Seu Espírito Criador.

Liberte-me do desânimo, da falta de prazer de viver, da falta de sono, da falta de apetite, das idéias negativas, da fadiga excessiva, dos sentimentos de culpa e da ausência de auto-estima.

Toque minha vida; estenda Sua mão e tire de mim todo pensamento de autodestruição e negativismo. Resgate a liderança de um "eu" saudável dentro em mim. Preciso e desejo deixar de ser mais uma vítima da miséria emocional.

Liberte-me da passividade, pois preciso ser proativo para resgatar a liderança do "eu" saudável em Cristo. Assim terei um crescente encanto pela existência.

Quero voltar a ter sensibilidade e serenidade para que, no teatro da minha mente, o "eu saudável" seja o ator principal, conduzido pelo Roteirista e Diretor Imbatível.

Jesus, o Mestre da Vida, disse ser a água viva, fonte inesgotável de paz, tranqüilidade e alegria. Por isso, dê-me dessa mesma paz e tranqüilidade, trazendo-me uma vida liberta de todo peso estressante.

Senhor, crie em mim motivos para eu ter uma vida com sentimentos transformados que venham a ser ecos transformadores.

Que eu aprenda com o Mestre da Sensibilidade a expressar emoções saudáveis no território do desencanto e das frustrações, e seja como Ele, que faz muito do quase nada.

Que eu seja assim como Jesus de Nazaré, que, mesmo na areia do deserto, agradece e parece contemplar gotas de orvalho em pétalas de rosas e celebrar o cuidado de Deus, a quem chama de Pai; que, mesmo no caos das emoções de incompreensão, nunca se deixou perder. Senhor, sempre me mostre o Timoneiro ao leme.

Que a Sua Inteligência Maior, ao olhar para dentro de mim, ilumine o teatro de terror nos territórios ocultos de minha memória e exorcize a escuridão, pois, enquanto viver, eu quero ser a expressão da luz que Você é.

Que eu possa entregar-Lhe todo o meu desespero, declarar solenemente que não serei mais escravo das emoções doentias nem prisioneiro dos pensamentos negativos.

Assim como o Mestre dos Mestres virou a mesa no templo, que eu, pelo poder da Sua Inteligência Maior, possa também virar a mesa em meu próprio interior, declarando então que sou uma casa de paz e tranqüilidade, um lugar de amor, vitória, bondade e domínio próprio.

QUARTO PASSO

O segredo de redefinir o destino: reeditar o filme do inconsciente

Há um tempo em que é preciso abandonar as roupas usadas que já têm a forma do nosso corpo, e esquecer os nossos caminhos que nos levam sempre aos mesmos lugares. É o tempo da travessia: e, se não ousarmos fazê-la, teremos ficado, para sempre, à margem de nós mesmos.

— Fernando Pessoa

Redefinir o Destino é:

1. Aprender a pensar sobre si mesmo e reformular-se em favor do próprio e real potencial;

2. Compreender e aceitar a complexidade humana contida em sua existência;

3. Gostar de viver, explorar, pensar por si mesmo e mudar;

4. Usar a inteligência para abrir novas janelas, minimizando os sentimentos de autodesvalorização;

5. Reescrever sua história como líder de si mesmo;

6. Encontrar um sentido para a existência e ter alegria em viver;

Um Passo Decisivo: Reeditar o Filme do Inconsciente

> *O segredo do sucesso é aprender como usar*
> *a dor e o prazer, em vez de deixar que eles usem você.*
> *Se fizer isso, estará no controle da sua vida.*
> *Se não fizer, é a vida quem controla você.*

— Anthony Robbins

Nunca se esqueça dos três primeiros passos: *ser autor da sua história, gerenciar seus pensamentos* e *administrar suas emoções.*

Agora vamos dar mais um passo, um passo decisivo. É preciso reeditar o filme do inconsciente, gerar novas matrizes, reescrever novos roteiros, injetar novas programações e abrir novas janelas saudáveis. Mas, para termos qualidade de vida, isso tem um preço — proteger a memória.

Você vive num mundo maravilhoso e tem dentro de si um mundo miraculoso. Na verdade, coisas surpreendentes podem acontecer ao seu redor. Tudo pode ter um novo encanto, se tão-somente você descobrir um modo de praticar a receita proposta pela Inteligência Multifocal — cuidar com sabedoria dos papéis da memória e reeditar o filme do inconsciente.

O mundo, como criação, pulsa com vibrações dentro de um processo mágico que celebra a realidade de causa e efeito, plantar e colher. O que nos leva a pensar num universo rico de possibilidades.

É possível você exercer uma força vibrante e criativa, e de maneira direta, no destino da humanidade, desde que a cada momento se engaje na eliminação de suas más-formações internas.

E, na medida em que você refaz os *scripts* de seus filmes interiores, colocando-os em harmonia com a Inteligência Infinita, o Criador do Universo, um milagre acontece a cada dia. Como bem disse Albert Einstein: "Há duas maneiras de você viver a sua vida. Uma delas é acreditar que não existe milagre. A outra é acreditar que todas as coisas são um milagre."

Ao alinhar seu interior com as leis do Universo, a Fonte da Vida, o Propósito da Criação, você estará inevitavelmente diante de uma inesgotável fonte de realização pessoal, felicidade, sucesso e auto-estima, bem além daquilo que poderia imaginar. "Ele é poderoso para fazer mais do que tudo quanto você pode pedir ou imaginar."

De todas as espécies de seres da Terra, nós, os seres humanos, somos os únicos que se especializam em mudanças mentais voluntárias, como afirmou Gardner. Mudamos a mente dos outros e mudamos a própria mente.

Atualmente, novas descobertas auxiliam cada vez mais as pessoas a mudarem os paradigmas, e cada nova teoria quer ser uma gota de alívio da imensa sede de plenitude humana.

Vejamos agora o quarto passo da contribuição da Psicologia Multifocal ao processo de mudança interior.

Esse passo preconiza que existe, no potencial humano, uma imensa riqueza que ajuda a prevenir doenças, desequilíbrios e anomalias na convivência social. Nosso interior, quando é curado, trabalha na reestruturação dos lares, em busca de solidariedade e compreensão crescente.

A Inteligência Multifocal é um grande auxílio em nossa busca existencial de mudança interior. Faz germinar frutos de equilíbrio a partir de sementes de sabedoria, que lançam raízes de boas emoções em campos onde se multiplicam lavouras plenas de bons hábitos.

Que, em nossos dias, sejam lançadas sementes que façam brotar na civilização a busca da reinvenção do humano e de sua condição na terra pátria.

Tomo de empréstimo as contundentes palavras da Dra. Renate Jost: "Que os escritos desta obra sejam um lenitivo para a angústia existencial; que germinem as sementes da sabedoria inerentes ao inconsciente humano; que se lancem raízes e brotem estas em copas amplas e frutos, para que à sua sombra surja uma ciência mais humanizada e integralizada; que se harmonize o homem interior e plenifique-se em seu ser; que o homem busque não fora, mas dentro de si, a Luz de cura, que simultaneamente o realiza e o transcende; que, pelas revelações do inconsciente profundo, a humanidade encontre o processo de reumanização e vivencie a experiência da paz."

É nessa dimensão que a Inteligência Multifocal busca contribuir, a fim de que o ser humano seja mais íntegro em si mesmo e saudável na convivência com seus semelhantes.

A mecânica multifocal da mente revela fascinantes possibilidades — não apenas aquelas conhecidas pelo exercício da razão e da lógica, mas aquelas carregadas de potenciais que transcendem a logicidade de paradigmas já clarificados. Em outras palavras, é possível um diálogo com a fonte da vida e alcançarmos o alvo primal de nosso destino na Criação.

Somos o que pensamos. Tudo o que somos
surge com nossos pensamentos.
Com nossos pensamentos, fazemos o nosso mundo.

— Sidarta Gautama

A expressão "reeditar o filme do inconsciente" foi criada pelo Dr. Augusto Cury. E agora, a partir de uma inteligência espiritual, uma nova leitura pode ser feita do assunto — uma reedição, sob a dádiva especial da Inteligência Infinita. Seria, de fato, uma *teoterapia*.

Existem pessoas que têm vivido, por longo tempo, sem conseguir reeditar sua vida, embora tenham tentado diversas vezes e empregando variados métodos. Quantos que, embora professem uma fé, vivem em bastidores sombrios da alma, vítimas de emoções mal formatadas, reféns de carcereiros interiores!

Dentro de milhões de pessoas em nosso planeta há uma sede profunda de transformação real; elas querem romper as mazelas da alma e reeditar esses filmes da memória carregados de terror. Querem dar aos filmes um novo significado.

Quando mudamos o significado das idéias, geramos uma nova qualidade de pensamentos que, de maneira inevitável, afetará nosso destino.

Geramos um grande poder transformador quando alinhamos nossos pensamentos com a energia dos propósitos divinos.

Transformar a Partir de...

Suba o primeiro degrau com fé.
Você não tem de ver toda a escada.
Você só precisa dar o primeiro passo.

— Martin Luther King, Jr.

Na espiritualidade encontramos o anúncio de uma revolução interior, chamada "transformação", pelo efeito produzido de renovar a mente. "Transformai-vos pela renovação de vossas mentes." Observe a conexão entre *renovar pensamentos* e *transformação exterior*.

A partir dessa afirmação de fé, podemos compreender a saída que a espiritualidade propõe para nossa mudança.

Ainda apontando critérios da espiritualidade cristã primitiva, lemos "contemplando, somos transformados". A idéia do apóstolo Paulo é afirmar um paradigma de transformação a partir de "contemplar o Divino". Ele está falando de meditação, de uma espiritualidade íntima.

Trata-se de um foco transformador. Ele chega a usar uma metáfora para ser entendido — contemplar é como observar um espelho.

Em outro lugar, afiança que a efetiva solução da mudança depende de trazermos até nós os pensamentos "cativos do Autor da Vida" — tendo em vista que Nele há libertação. Ser cativo Dele implica ser cativo da liberdade.

Portanto, somos direcionados para o caminho da sabedoria a fim de avançarmos pelo caminho das mudanças. "Torne-se a mudança que quer ver no mundo", dizia Ghandi.

Existem muitas pessoas que só falam em mudar.

Já outras, procuram motivar-se por meio de palestras e livros que encorajam novos pensamentos. Mas, em geral, esses livros e palestras dizem *o que* fazer, não *como* fazer.

Quantos livros falam *que* devemos ter bons e saudáveis pensamentos, mas não nos explicam *como* esses pensamentos são construídos.

A intenção da Inteligência Multifocal é justamente descrever esse "como". Ela enfatiza os mecanismos da construção dos pensamentos, que acontece de maneira multifocal, como já foi abordado anteriormente. Para dar seqüência, falamos agora de reedição interior.

Somente quando damos um passo na reedição do filme do nosso inconsciente, recebemos a luz que nos tira da escuridão interior. Todos os desvios na prática são produto de uma visão insuficiente do assunto, que não consegue enxergá-lo de modo mais amplo.

Tudo isso é resultado de uma falta de lucidez interna. Mas também é necessária uma grande dose de humildade no trato desse assunto, pois ainda há a impossibilidade gritante de uma consciência total do que acontece nas engrenagens do nosso cérebro.

Ao tratarmos desse assunto, a dificuldade não é como *levar* idéias novas, saudáveis e inovadoras para a nossa mente, mas como *tirar* de lá as idéias velhas e esclerosadas.

Uma das principais leis da Teoria da Inteligência Multifocal (agora batizada de Psicologia Multifocal) diz para você "trabalhar os papéis da memória" e "reeditar o filme do inconsciente".

E, para que isso seja possível, é necessário você usar as ferramentas corretas. Uma delas é decidir parar de entulhar lixos psíquicos e emocionais nos solos da memória.

Segundo declarou o Dr. Augusto Cury em seu livro *Doze Semanas para Mudar uma Vida*, "reeditar o filme do inconsciente é cultivar o mais importante solo da existência. O solo onde nascem o mundo das idéias e o universo das emoções".

Prepare-se então para passar pelo processo de reedição do filme de seu inconsciente!

Começando Certo

Nós somos o que somos e estamos onde estamos
por causa dos nossos hábitos diários.

— Napoleon Hill

Aqueles que trabalham com liderança observam que há inúmeros casos de pessoas que recebem um tratamento terapêutico e ficam bem durante certo período, mas, com o passar do tempo, voltam ao estado inicial, pois ficaram encalhadas em seus próprios traumas.

Parecem estar curadas da doença psíquica, no entanto, quando menos se espera, encalham novamente em suas janelas doentias, em seus pensamentos negativos e em suas mazelas emocionais. O que ocorre com elas é que tomaram decisões superficiais e nunca reeditaram o filme da sua vida.

Tenho muita experiência com pessoas de todas as áreas e, no mundo empresarial, o que ouço é assustador. Dizem que está cada vez mais difícil encontrar gente com competência e habilidade.

Em geral, as pessoas estão prisioneiras do medo e da ansiedade. Infelizmente, nelas não foi fortalecida a autoconfiança para enfrentar os desafios. Assim, diante do novo, abrem janelas destrutivas dentro da cidade da memória, gastando muito tempo e energia para manter uma briga interna quase interminável.

O certo seria usarem essa energia para criar, fazer, ser, conviver melhor e empreender. No entanto, vivem nos esconderijos da autocomiseração, dos medos e das decepções.

Observe, por exemplo, alguém que recebeu uma crítica. Quanto tempo ele demora para se recuperar? Talvez muito, pois a crítica abriu crateras isoméricas nos territórios da sua alma, levando-o a terríveis sentimentos de autodesvalorização.

Portanto, reeditar o filme interno é uma necessidade se quisermos uma melhor qualidade no atendimento, na produção, na gestão humana, na melhoria contínua e em todos os campos da existência.

A proposta é para que você — que ainda está vivendo a síndrome da gangorra, num sobe-e-desce entre a liberdade e a prisão emocional — decida-se por um novo destino.

É para quem se sente encalhado nas decepções do passado, em meio a complexos de inferioridade, tenha a chance de estabelecer um novo e fascinante recomeço.

É para quem não consegue maximizar seus potenciais nem ser realmente quem nasceu para ser, venha a fluir com novos alentos restauradores.

Precisamos nos lembrar que "o passado é nossa origem, não nossa prisão", como sabiamente pontuou Israel Zangwill. "O passado deve ser interpretado, não imitado; o passado deve ser continuado, não repetido."

Um exemplo de pessoa que refez seu filme foi Saulo de Tarso, o apóstolo Paulo. Esse homem teve sua vida totalmente transformada pelo Autor da Vida, que fez com que ele reeditasse seu interior e tivesse um novo destino. Paulo fez uma afirmação decisiva: "Pela graça de Deus, eu sou o que sou."

Isso significa que o esplêndido encontro que Paulo teve com o Mestre da Vida na estrada para Damasco alterou definitivamente sua história anterior, a ponto de redefinir para sempre o seu futuro.

Paulo reinventou sua história — de perseguidor, passou a perseguido; de torturador, passou a ser alvo daqueles que buscavam uma vítima. Paulo mudou tanto que cantou diante do sofrimento e exorcizou a dor com um coração triunfante.

O fato é que, ao maximizar seus potenciais, expressando um foco com paixão e clareza de propósitos, tornou-se um dos maiores ícones da história cristã. Transformou-se em um paradigma do cristianismo.

Ele soube enfrentar as perdas e frustrações, de tal maneira que afirmou "aprendi a viver contente em toda e qualquer situação". Superou velhos modelos e administrou as emoções, surpreendeu sua geração e até mesmo os contraditores.

É o paradigma multifocal do gestor de idéias, do tomador de decisões nos territórios de conflitos e tensão. Mas, sobretudo, é um paradigma porque reeditou o filme do seu inconsciente "pela graça de Cristo", segundo suas próprias palavras. Ler Paulo é levar um choque de lucidez em nossa inteligência espiritual.

Mudar o Pensamento

O homem não é criação das circunstâncias.
As circunstâncias é que são criações dos homens.

— Benjamin Disraeli

Havia, em Paulo, muitos territórios doentios que precisavam ser tratados e reeditados. Com o passar do tempo, ele afirmou a necessidade de mudarmos nossa maneira de pensar para sermos transformados.

Concluiu que a vida pode ser mudada e reeditada pela renovação do entendimento, isto é, aprendermos a ver a vida e a realidade com outros olhos.

Imagine esse homem — diante de tantos conflitos, lutas, decepções e contradições — declarar "tudo posso Naquele que me fortalece". Somente alguém que resgatou a liderança de um "eu" saudável, que gerenciou pensamentos e administrou emoções pode afirmar isso com convicção transformadora.

De fato, essa é a fotografia de uma nova coreografia no território do inconsciente.

Dentro do tema da reedição do nosso inconsciente, a Psicologia Multifocal assinala os papéis da memória como "fenômenos operacionalizados pelos coadjuvantes na construção dos pensamentos".

Um deles é o fenômeno do gatilho da memória. É esse ator coadjuvante que faz com que "cada imagem ou som seja interpretado imediatamente, em milésimos de segundo" (Cury, 2004).

O que se passa é que a palavra ou fato é identificado não pelo "eu", mas pelo gatilho da memória. Por essa razão a Psicologia Multifocal chama esse fenômeno de *auto-checagem da memória*.

Em seguida, é fundamental compreender o segundo fenômeno da memória — a ancoragem, que acontece por meio de um ator coadjuvante chamado *âncora da memória*. Ele atua numa região da memória onde acontecem as leituras dos registros, em conexões instantâneas, abrindo novas janelas, a partir das quais são construídos os pensamentos.

Portanto, resgatar a liderança do "eu" torna-se o fator principal para que os demais passos sejam dados. Pois, gerenciar pensamentos e administrar emoções está conectado, em ação contínua, com a reedição dos territórios da memória, onde estão os arquivos.

Somente o "eu" pode duvidar das crenças negativas depositadas na cidade da memória.

Mas, se isso não acontecer, a âncora se desloca para esse local e ali se posiciona, resultando em um fluxo de pensamentos doentios, por estarem encalhados em emoções também doentias, repletas de problemas e conflitos. Essas janelas que se abrem são chamadas de *janelas killers*.

Quando elas são abertas, a pessoa traz à tona seus lixos interiores, seus fantasmas emocionais. Então, ao vê-los, recua amedrontada, em vez de avançar em direção à conquista de seus sonhos e, por que não dizer, do sucesso.

Muitos não alcançam o sucesso tão desejado porque habitam territórios doentios; por medo do fracasso, desistem a um metro da linha de chegada. Pois o fracasso chega para aqueles que, devido a pensamentos de derrota, acabam desistindo.

Inúmeras pessoas vivem vidas inteiras abortando sonhos, sem conhecer o próprio e real valor. Nunca tentaram ir além da linha do horizonte, jamais ousaram olhar atrás dos montes.

Todos nós já pensamos muitas vezes em desistir. Mas, lembre-se, a melhor arma contra a tentação de desistir é a paixão.

Se quer fazer suas idéias funcionarem,
você tem de estar apaixonado pelo seu sonho.

— Schüller

Schüller continua: "Quando você decide por uma paixão e essa paixão tem raízes no amor por Deus e pelos seres humanos, então a paixão se torna compaixão e você será bem-sucedido."

Os Evangelhos relatam como o Mestre da Vida surpreendeu novamente seus discípulos quando, depois de tentarem pescar a noite inteira, eles pensaram em desistir, porém Jesus lhes disse para lançarem as redes do outro lado do barco. Os resultados foram surpreendentes!

"Não desistir" significa tentar de uma maneira diferente; significa esperar, mesmo que leve mais tempo; significa que você vai continuar tentando; significa que você encontrou uma razão e uma paixão para começar de novo; significa estar determinado a recomeçar com mais vigor; significa você tomar a decisão de não ficar onde está pelo resto da vida; significa arriscar outra vez, com mais fé e dedicação.

Ou seja, praticar o método dos cinco "D": Decisão, Determinação, Disciplina, Dedicação e Desprendimento.

Derrame fé em seus sonhos e metas, pois tudo pode mudar quando "um homem e seu Deus enfrentam uma montanha".

Há momentos em nossas vidas que pensamos em desistir, até de nós mesmos, por causa de nossas tentativas frustradas. Nesse caso, o que tenho a lhe dizer é: "lance a sua rede no outro lado do barco".

Por causa dessas frustrações, os lixos do passado são trazidos à tona e acabamos por reviver todas as mazelas que, um dia, ficaram encalhadas em nossa memória.

Esses lixos se transformaram em verdadeiras barreiras e fortalezas na alma, e muitas pessoas as usam como desculpa para não tentar novamente. Mas o que estão fazendo, de fato, é assistir passivamente aos filmes do inconsciente. Dia após dia, sentam-se na platéia do seu interior para assistir as mesmas cenas e lembranças de um passado que já não existe mais.

Muitos levam uma vida infeliz e amargurada porque estão vivendo como expectadores no palco da própria vida, em vez de assumirem decididamente o roteiro e a direção do filme. Ao assistirem o mesmo filme inúmeras vezes, pioram a qualidade dos seus pensamentos, emoções, decisões e hábitos.

Mas há esperança. Mudar é possível. Reeditar o filme é plausível e imaginável.

Ser a Mudança

Transformai-vos pela renovação da vossa mente.

— Romanos 12,2

Como os pensamentos geram as emoções, então, quando as emoções não são saudáveis, é porque os pensamentos estão doentes.

Reeditar o filme é mudar esse roteiro vicioso.

Se o pensamento não está saudável é porque as janelas que estão se abrindo possuem um conteúdo doentio, ou seja, o filme que está passando contém cenas sintomáticas. E isso, com toda certeza, leva-nos a uma vida de derrota.

Trabalhar os papéis da memória e reeditar o filme do inconsciente têm sido ferramentas poderosas no tratamento daqueles que vivem aprisionados dentro de si o tempo todo.

Existem pessoas que passam mais da metade de sua existência na Terra apenas revivendo seus filmes de conteúdo negativo, de conteúdo de fracasso e sentimentos de autodesvalorização. Somos reis e rainhas nos castelos de nosso próprio ser, mas essas pessoas, em vez de reinar em seus castelos, vivem como bufões nos teatros de sua breve vida na Terra.

Muitos são os que, ao longo da vida, acumulam o lixo dos sentimentos negativos, para depois sentar e assistir esses filmes, numa verdadeira paranóia existencial, aproveitando a ocasião para arranjar as mais variadas desculpas.

Não use mais a desculpa de que você perdeu a coragem.

Lembre-se de que a coragem não é algo que se perde, mas algo que você pode sempre escolher. A coragem não é uma vítima dos nossos sentimentos, mas um fruto da nossa escolha.

A coragem é uma opção.

Os primeiros cristãos nos legaram uma afirmação contundente sobre "destruir as fortalezas" dos pensamentos e "desatar as amarras" das redes malformadas de idéias

(II Coríntios 10,4-5). Esse texto escritural garante que temos armas para vencer e destruir os sofismas, e que tais armas não são visíveis, pois estão dentro de nós.

Podemos concluir que a espiritualidade cristã antecipa as atuais conclusões das ciências cognitivas e da neurociência, colocando a solução de vitória no território dos pensamentos.

Isso é *therapeia*, ou melhor, *theotherapeia*, a terapêutica divina.

Quando alguém não pensa de maneira saudável — não pensa com sabedoria e pensamentos positivos — está, na verdade, conspirando contra si mesmo, confiando nos próprios sofismas, escondendo-se nas próprias fortalezas e masmorras psíquicas.

O resultado é a derrota, a tristeza e as doenças psicossomáticas.

Todos têm uma urgente necessidade de se libertar das prisões emocionais. Precisamos promover mudanças e, para isso, é imperativo deixarmos de ser traidores de nós mesmos.

A surpreendente vida do Mestre de Nazaré mostra-nos como ele conseguiu reeditar o filme de seus discípulos, tornando-se assim o Mestre Inesquecível.

Mesmo Judas teve a sua oportunidade até o fim. Embora ele fosse o mais preparado estrategicamente, era o menos preparado para gerenciar a si mesmo. Não havia percebido que quem é desonesto rouba a si mesmo, e que quem trai acaba traindo a própria história futura.

O problema de Judas foi ele ter desistido de si mesmo antes de ter desistido de Jesus.

O Mestre jamais desistiu dele.

No momento em que a traição se consumava, o Mestre fez uma pergunta que assombrou os historiadores de todos os tempos, "Amigo, a que viestes?". Nas belas palavras do Dr. Cury, "nunca um traidor foi tratado com tanta dignidade".

O Mestre Inesquecível estava dando a Judas uma chance de reeditar sua vida. O Mestre não desistiu do discípulo, foi o discípulo quem desistiu de si mesmo. Essa foi sua pior traição, a outra já estava perdoada.

Antes de lançar pedras em Judas — "Quem estiver sem pecado que atire a primeira pedra" —, devemos olhar para dentro de nós mesmos e examinarmos quantas vezes fomos traidores de nossa saúde mental, quantas vezes traímos nossa qualidade de vida interior, ao esmagar emoções e obstruir potenciais.

Afirmo a você que há um caminho para vencermos as falsas crenças psíquicas, para destruirmos as fortalezas que foram construídas ao longo do tempo pelos pensamentos negativos.

Pensamentos que conspiram contra nós, sentimentos doentios que atuam como bloqueadores nos labirintos das emoções.

São os vilões da alma que colocam impedimentos ao desenvolvimento de nossa vida, que está em busca de plenitude.

O Ser em Si

Na solidão, faço um passeio íntimo,
crio caminhos, produzo novas idéias.

— Augusto Cury

Esse caminho é alinhar-se com o Autor da Vida. Não estou apontando aqui uma religião específica, mas essa essência do ser humano que sabe que foi criada para algo mais, para aquilo que transcende.

Ela procura a plenitude, o sentido último da existência. A busca pela "preocupação última" nos torna mais humanos e ainda nos faz encontrar o endereço do próprio coração.

Dizer que o ser humano precisa de inteligência espiritual é como dizer que o peixe precisa da água — não dá para separar essas duas realidades. Não existe plena qualidade de vida para um peixe fora da água.

A planta precisa fincar suas raízes na terra para se realizar. Já o homem e a mulher foram criados para a sabedoria, o amor e a gratidão. Todas as pessoas foram criadas para viver também em seu subjetivo, "o ser em si", que busca o infinito.

As plantas necessitam nutrir-se da terra, assim como os seres humanos necessitam nutrir-se do divino.

O ser humano é espiritual, não apenas corpo. É também emoção e busca significado na comunhão com seus semelhantes. Mas também é mente e busca o conhecimento.

Humano é aquele que busca ser criativo, por isso não consegue viver na rotina, encalhado na mesmice; caso contrário, envelhece. Precisa superar o feijão-com-arroz.

Mas, como ser espiritual, ele foi criado para ter comunhão com o Autor da Vida. Quando você vive essa experiência, suas raízes lhe trazem saúde e uma vida transformada, com qualidade interior.

Ao cultivar um relacionamento com o Criador do Universo, você rompe as barreiras e maximiza seus potenciais.

Por isso, é necessário mudar os arquivos que vêm da caixa de segredos da personalidade.

Trabalhar os papéis da memória é compreender a formação dos traumas nas zonas de conflito do inconsciente. Fazer isso é superar os traumas das zonas de conflito da memória.

Ter qualidade de vida, a partir de dentro, é trabalhar os papéis da memória pela compreensão do papel da emoção na abertura dos territórios onde é feita a leitura da memória para a construção dos pensamentos.

Trabalhar os papéis da memória é não deixar que o lixo seja entulhado nos solos interiores. Como isso é possível? Pelo resgate do "eu", que passa a assumir, com sabedoria, o gerenciamento de nosso destino.

Mas, acima de tudo, trabalhar os papéis da memória é cultivar o mais importante solo da existência — o solo onde são lançadas e cultivadas as sementes que gerarão o mundo das idéias e das emoções.

Muitos indivíduos sofreram grandes decepções ao longo da vida e, por causa delas, vivem uma vida amargurada. Não conseguem brilhar. Por motivos internos, existe uma malformação em suas personalidades.

Infelizmente, por eles não conhecerem o funcionamento e o papel da memória, não lidam de modo correto com esse complexo solo da personalidade.

Reafirmo, agora, que fazer escolha é uma opção do "eu". Somos o fruto dessa ação diária.

Somente as melhores escolhas gerarão os melhores hábitos. Como escolher significa sempre transformação, para melhor ou para pior, é por isso que invocamos a sabedoria.

Primeiro, os conflitos existem dentro; só depois vão para fora.

Aqueles que vivem conflitos externos são péssimos funcionários, péssimos filhos, péssimos esposos e esposas; com isso, geram ambientes carregados com um clima de guerra.

Tais indivíduos trazem consigo sentimentos de ódio, rancor e revolta. E, como não conseguem lidar com essas emoções doentias, eles as rejeitam ou reclamam delas o tempo todo.

Porém, a melhor maneira de trabalhar com elas é compreendendo-as. Use-as como ferramenta de aprendizagem e crescimento, e determine-se a não ser um escravo das más emoções.

Não crie suas próprias prisões.

A Psicologia Multifocal sugere uma revolução. Ela não impõe a partir de dentro, pois, como sabemos, as idéias, pensamentos, reações ansiosas, momentos de solidão, períodos de insegurança e medos do futuro são registrados em nossa memória e farão parte de nossa história existencial, do filme de nossa vida.

Uma boa metáfora é olharmos a memória como uma cidade. Imagine então sua memória como uma cidade interior. Quem a administra? Quem é o prefeito? Quem são os secretários principais?

A pior opção para essa cidade é ser governada pelo medo, pela preocupação e pela ansiedade. O que equivale a você ser governado pelas falsas crenças: "nada dá certo para mim", "não nasci para isso", "preciso agradar a todo mundo", etc.

Um "eu" saudável, e com uma inteligência espiritual carregada de amor e felicidade, seria a melhor opção.

Nessa cidade existem territórios doentios que precisam ser reurbanizados e renomeados. Quantos de nós construímos grandes conglomerados de sentimentos negativos, distritos inteiros, e lá fomos morar — no bairro da Depressão ou no bairro do Ódio. Talvez nossa morada atual seja no Complexo de Inferioridade, localizado na praça da Calúnia, esquina com a avenida do Egocentrismo.

Compreender-se

A consciência existencial gera uma explosão de liberdade que nos faz compreender e abraçar o mundo.

— Augusto Cury

Milhares de pessoas no mundo inteiro estão passando por um *stress* emocional decorrente da solidão, do medo e da incerteza. Tendo em vista que a emoção determina a qualidade do registro na memória, quanto maior o volume emocional vivenciado numa experiência, mais os registros serão privilegiados e mais chances terão de ser lidos no futuro, a ponto de isso tornar-se um hábito.

Trabalhar os papéis da memória é compreender o papel da emoção no processo de abertura no território de leitura da memória e nas construções das cadeias de pensamento. É compreender a importância da emoção no arquivamento das experiências ou estímulos que sofremos no dia-a-dia.

A emoção tem seu papel fundamental; é ela que dá colorido e sabor, mas também é ela que determina o grau de abertura da memória. Se a emoção for tensa, poderá fechar a área de leitura da memória, fazendo com que a pessoa tenha uma reação por instinto, isto é, sem inteligência.

Às vezes, vivemos momentos de extrema beleza e produzimos pensamentos que cultivam as belas emoções; em outras vezes, vivemos momentos de verdadeira tormenta, produzindo assim pensamentos de angústia e desolação.

Temos, algumas vezes, reações contraditórias no ambiente de nossas emoções. Em certos momentos, perante pequenos problemas, reagimos como se estivéssemos diante de uma tempestade; em outros, conseguimos uma enorme lucidez e equilíbrio diante de gigantescos problemas.

Essas mudanças não ocorrem pelo tamanho dos nossos problemas externos, mas pela abertura ou fechamento nos locais de leitura da memória.

Portanto, será necessário reurbanizar os solos da memória — plantando sementes de amor e de paz, reformando os becos sem saída — para que possamos cultivar um "eu" saudável que reedite o filme da memória.

Construir novos pensamentos saudáveis deve ser nossa luta diária, a fim de obtermos a certeza de um novo amanhã colorido de grata simplicidade. E determine uma meta para si mesmo: ser o autor da própria história. Continue a administrar seus pensamentos. Colha os frutos do cultivo de sentimentos saudáveis.

A filosofia advoga a utilização da prática da dúvida (um dos passos do D.C.D.). Faça isso: duvide de sua incapacidade para grandes realizações; duvide de tudo que o diminui; duvide das crenças psíquicas que o tem aprisionado por décadas. Deixe-se inundar pelo brilho e pela força das expectativas sorridentes de cada desabrochar da vida que canta ao silêncio do vento.

Este mundo em que vivemos está à espera de novas idéias, de novas maneiras de fazer as coisas, de novas maneiras de ensinar, de novos líderes e de novos métodos. Duvidar é a arte de questionar qualquer idéia negativa, que em geral não passa de uma sabotagem embutida de modo traumático em nossa interioridade.

O ser humano é o que é por causa dos pensamentos dominantes que ele permite ocuparem a sua mente. "Se você pensa que pode ou pensa que não pode — você está certo, de qualquer maneira."

A realidade é simples, mesmo que pareça complicada. Acreditamos em qualquer coisa que repetimos para nós mesmos, seja ela verdadeira ou falsa. Se repetirmos algumas vezes uma mentira, acabaremos por aceitá-la como verdade.

Certas famílias erram deliberadamente na educação de seus filhos. Ensinam a má edição do filme do inconsciente dos filhos, simplesmente por utilizarem frases negativas, como "você não vai ser nada na vida; nesta família, ninguém nasceu para o sucesso".

Pense um pouco nesta frase: "Tudo em que você crê, controla-o." Se você encher sua mente de medo, dúvida e descrença na própria capacidade, são eles que vão controlar sua vida.

O fato de um barco ser conduzido para o oeste e outro para o leste é devido à posição de suas velas, não só por causa do vento. Assim também é com nossos pensamentos; tudo depende de como você posiciona as velas da sua mente.

Quando mudamos nossa maneira de pensar, mudamos nossas vidas.

Quem não for capaz de mudar o tecido dos próprios pensamentos, jamais será capaz de mudar a realidade, portanto nunca fará progressos.

Ninguém está derrotado até que aceite a derrota como uma realidade. A realidade das coisas é feita do mesmo tecido do que pensamos.

Se ficarmos gravitando em torno das nossas derrotas, continuaremos sendo derrotados. Se gravitarmos em torno das nossas frustrações e fracassos, continuaremos frustrados, angustiados e insatisfeitos, e, pior, não construiremos novas colunas em nossas vidas.

Reescreva sua história com sabedoria, e decida mudar seu estilo de vida se você não é exatamente o que sempre quis.

Gaste tempo contemplando as pequenas coisas da vida.

Liberte sua criatividade.

Dê um choque de lucidez em suas emoções.

Torne-se aquilo que você é.

Pois, desse modo, mesmo atravessando o deserto, as manhãs terão o frescor do orvalho; os invernos serão mais curtos e as primaveras, mais longas. Sua memória é um jardim onde brotam ricas emoções e belos pensamentos.

Não deixe para descobrir seu real valor só no inverno da vida, no cerrar das cortinas do palco da existência. Agora é a época certa de semear novas sementes no jardim dos pensamentos.

Renove sua aliança com a vida, faça resplandecer o arco-íris na primavera dos seus dias.

Encha de colorido a biologia da sua mente.

Vibre e cante, pois a vida é para ser vivida; não gaste sua energia ficando encalhado nas perdas e frustrações.

Aprenda a filtrar os estímulos estressantes para deixar de entulhar lixo em sua memória, e depois viver escravizado por ele.

Determine-se a não ser mais uma esponja que suga os detritos emocionais das circunstâncias. Determine-se a não mais sugar os problemas que são frutos de medos antecipatórios.

Seja uma usina de saúde.

Decida ser um cultivador de esperança, um jardineiro fiel dos solos de sua memória. Um cultivador de hábitos de boa qualidade na redescoberta da condição humana. Faça isso como um caçador de pérolas, um explorador de jóias, nos oceanos do coração.

Você pode transformar sua vida, mudando sua maneira de pensar.

Onde há uma vontade, há um caminho.

Lembre-se de que a pior limitação imposta a um ser humano é aquela que ele mesmo se impõe. Somos filhos do destino, de um Deus criador, que presenteou a todos nós com uma imaginação criadora.

Criar é celebrar a vida e dignificar o Criador.

É dançar a valsa da vida ao ritmo do Dançarino Maior.

Aprenda a ser refratário a idéias negativas. Não deixe os problemas alheios grudarem em você.

Rejeite as críticas negativas e os preconceitos; recuse tudo o que não for bom para o seu desenvolvimento.

Pratique o perdão. Perdoar é não deixar que o ódio e a amargura dêem a última palavra.

Perdoar é propiciar que alguém seja livre — você.

Se tentar fazer uma faxina nos cantos de sua memória, com certeza você não terá êxito, mesmo que se esforce ao máximo para extrair cada sentimento de culpa e de autopunição que ficou registrado nela. É possível limparmos a casa e o jardim, mas não é possível removermos o lixo contido em nossas memórias.

Mas algo efetivo você pode fazer — pode expandir seu pensamento, ampliar suas idéias, reescrevendo assim as suas lembranças.

Se pudéssemos passar uma borracha em nossa memória, apagando todas as misérias e todos os traumas contidos nela, esquecendo o passado e começando tudo de novo, seria muito bom. Mas, como bem sabemos, tal procedimento não é possível — perderíamos a própria identidade, perderíamos nossa consciência existencial.

Por isso, todo cuidado é pouco. Proteger a memória é responsabilidade de cada um; saiba proteger o seu bem mais precioso, o solo de sua memória.

Cultive esse solo com boas sementes, pois os frutos produzidos são o resultado daquilo que você plantou.

Procure semear sementes que dão flores e frutos agradáveis, e não cactos cobertos de espinhos, dos quais ninguém consegue se aproximar sem levar uma boa espetada. Seja um jardim florido.

Existem pessoas que moram em verdadeiros palácios, mas por dentro habitam favelas psíquicas, onde o terreno é árido e pedregoso.

Muitos reclamam do mundo e das coisas, mas não podemos esquecer que a mudança começa dentro, no âmago de nossos pensamentos — "Devemos nos tornar a mudança que queremos para o mundo".

Saiba que o registro da memória é automático e instantâneo, não há como evitá-lo. Cabe então a você dar a devida importância ao que realmente lhe trará benefícios.

Cada episódio e cada experiência são registrados automaticamente pelo fenômeno RAM — o registro automático da memória (Cury, 2000), mas é sua a decisão de privilegiar os acontecimentos negativos ou os grandes eventos.

Decida o que irá marcar sua vida.

Dê importância àquilo que realmente vale a pena. Coloque os pensamentos construtivos, que libertam, no centro de sua memória; mas ponha em segundo plano todos aqueles pensamentos escravizantes.

Proceder assim é reeditar o filme do inconsciente. Saber reagir diante dos reveses da vida será determinante para o seu sucesso. E isso é como você.

Use os problemas para crescer, use os obstáculos como degraus para subir a escada da sua existência. Há um pensamento de Augusto Cury que diz assim: "Os perdedores vêem os raios; os vencedores vêem a chuva e a oportunidade de cultivar."

"Os perdedores paralisam-se diante das perdas e dos fracassos; os vencedores começam tudo de novo."

Quanto mais você der ênfase aos acontecimentos negativos, mais privilegiados serão os registros deles na memória e mais influentes eles serão, dando abundantes maus frutos.

Mude seu foco, alimente e retroalimente sua memória com pensamentos que tragam prazer. Procure filtrar os estímulos estressantes, criticando-os e compreendendo-os, assim eles não serão registrados com tanta intensidade.

Se você não conseguir proteger sua memória, ela será lida com freqüência, produzirá milhares de pensamentos angustiantes e gerará uma zona de conflito, inundada de traumas. Trabalhe os papéis da memória para não criar essas zonas de conflito.

Em alguns momentos, entramos em belíssimas janelas e produzimos pensamentos que cultivam gratas emoções; mas, em outros, entramos em janelas doentias que geram tormento, angústia e solidão.

Abrir Novas Janelas

A presença inteligente da dúvida abre as janelas da inteligência e estimula a criatividade e a produção de novas respostas.

— Augusto Cury

Albert Einstein mencionou certa vez que "os principais problemas com que nos deparamos não podem ser resolvidos no mesmo nível de pensamento que tínhamos quando os criamos".

Einstein tinha razão. Na Psicologia Multifocal, há duas maneiras de resolver os conflitos, traumas e transtornos psíquicos: reeditar os *scripts* e construir novas janelas, paralelas às janelas doentias da memória.

É registrar novas experiências sobre as experiências negativas que foram arquivadas na memória. Não é fácil mudar, mas quanto mais nos conscientizarmos do quanto somos influenciados pelas nossas experiências, mais poderemos nos abrir para novas experiências edificantes.

No longo prazo, tentar mudar as atitudes e comportamentos exteriores não adianta muito; porém, se olharmos para dentro de nós mesmos, onde são geradas nossas atitudes e comportamentos, é como se uma luz interna se acendesse subitamente.

Um salto qualitativo é dado em nossas vidas, pois deixamos de podar as folhas da atitude e do comportamento e passamos a cuidar das raízes, isto é, da construção de novas janelas psíquicas.

Como fazer isso? Augusto Cury nos aponta uma saída — a técnica que chamou de D.C.D. (Duvidar, Criticar e Determinar).

Duvidar é o primeiro passo para a construção de novas janelas. Ele diz para você duvidar de que não consegue superar seus traumas, sua impulsividade e seus medos.

Dizer "eu não consigo" é, na verdade, uma falsa crença sobre você mesmo ou uma desculpa dada às próprias atitudes. Trata-se de uma prisão nos pensamentos; um cadeado que nos tranca nas masmorras dos sentimentos frustrados.

Criticar é o segundo passo e nos ajuda a efetivar as mudanças. Critique as atitudes de agressividade. Critique sua falta de persistência e seus medos. Critique suas constantes desculpas.

Determinar é o passo que sela um novo futuro. Determine-se constantemente a mudar seu comportamento.

Determine-se a ter mais confiança em si mesmo. Determine-se a ser um vencedor.

Qualquer coisa que estiver gravada em sua memória e que esteja atrapalhando o seu desenvolvimento poderá ser a grande chance de praticar a dúvida, a crítica e a determinação.

Duvidar é você derrubar os barracos e os montes de lixo que entulham os cortiços da alma. Ao *criticar*, você está removendo todo o lixo acumulado em sua memória. E, quando *determina*, você está reurbanizando e reconstruindo um novo ambiente, criando um fabuloso horizonte na paisagem da pátria da existência.

Duvidando, você derruba. Criticando, você remove. Determinando, você renova sua mente. Por meio dessa prática, você planta uma nova mentalidade e torna-se livre, podendo então superar seus cárceres emocionais.

Muitas pessoas estão envelhecendo porque não conseguem reescrever seu passado, vivem remoendo o que já se foi. Cuidar da qualidade de vida é cuidar da qualidade dos pensamentos, mas cuidar a partir de dentro.

Cuidar de seu interior é preservá-lo do lixo que vem de fora. Permita que a graça gloriosa do Autor da Vida ajude você a se libertar das mazelas do passado, a filtrar os estímulos estressantes que surgem no decorrer de sua jornada e a fortalecê-lo para as novas decisões e novas atitudes.

Existe uma sábia expressão do Mestre dos Mestres que diz que "a boca fala do que está cheio o coração".

Muitos destilam ódio e palavras duras, carregadas de rancor e mágoas, porque, em seu interior, as emoções estão contaminadas pelos traumas passados.

Mas a Inteligência Infinita do Mestre dos Mestres aponta um excelente caminho — um caminho que vem ao encontro de nossas carências; um caminho de amor, que começa pelo perdão.

Guardar ódio e ressentimento é um péssimo investimento. Einstein afirmou que "cultivar o ódio é o mesmo que você tomar veneno e esperar que o outro morra".

Alimentar sentimentos negativos contra alguém é destruir a si mesmo. Há um provérbio chinês que diz que "se você for praticar uma vingança, prepare-se para cavar dois túmulos".

Perdoar é o caminho da sabedoria. O perdão pressupõe duas atitudes simultâneas: a compreensão e a resistência à vingança.

Perdoar não é esquecer, mas lembrar sem sentir dor. Perdoar é reescrever a história com outros olhos, com novas interfaces na alma.

Perdoar é superar a mediocridade para termos uma mente dominada por emoções positivas. É plantar confiança nos solos da desconfiança. Perdoar é a aposta da confiança contra a suspeita.

Ser humano é perdoar, pois perdoando as falhas dos outros, superamos nossas próprias contradições. Perdoar é valorizar a dignidade da imagem do Autor da Vida que está refletida em quem perdoamos.

Ao perdoar, nosso coração torna-se uma habitação favorável para o que chamamos "fé".

A fé é o *elixir eterno* que dá vida, poder e ação ao pensamento transformado-transformador. Tenha fé em si mesmo, na humanidade e no Autor da Vida. A fé é o ponto de partida para uma tomada de decisão, com competência e sabedoria; é o único antídoto contra o fracasso dos que desistiram de tentar outra vez; é o elemento que transforma o pensamento comum em alavanca poderosa para o sucesso e o êxito nos novos amanhãs. A fé é o único meio pelo qual podemos alçar vôo rumo à realização humana, apoiados na força do Autor da Vida, que nos aponta os novos limites a serem superados.

Quando o Mestre do Amor chamou Judas de amigo (Cury, 2002), estava dando a ele a chance de, ao se perdoar, ser curado em seu interior.

Os que praticam agressões falseiam a si mesmos; falseiam sua tranqüilidade, sua paz, sua liberdade e seu sono. Muitas pessoas passam tempo demais massacrando a própria qualidade de vida; elas precisam perdoar a si mesmas e restabelecer urgentemente os caminhos para sua transformação interior.

Há no território na memória, na cidade interior, um lugar de honra que precisa ser ocupado pela presença gloriosa do Mestre dos Mestres, que traz consigo todo o esplendor de uma vida plena de saúde.

Que Ele seja o Agricultor semeando sementes de bondade, mansidão, paz, amor e domínio próprio.

Que o Autor da Vida reescreva uma nova história em cada um de nós com suas mãos hábeis de escritor apaixonado pela vida.

A Aventura Continua...

A aventura de viver implica compreendermos que somos criados para a dinâmica do espetáculo da vida, mas com qualidade a partir de dentro.

Devemos sempre lembrar que ter qualidade de vida não é navegar sem tempestades ou fazer uma viagem sem atropelos. Os conflitos são inevitáveis, e viver é a arte de superá-los e aprender com eles.

Somos senhores e vítimas de nossas escolhas. O ser humano é um ser naturalmente complexo — é, ao mesmo tempo, altruísta e egoísta, *sapiens* e *demens*. Em certos momentos, somos proativos; em tantos outros, negligentes.

Qualidade de vida a partir do interior é saber a diferença entre valorizar e dar valor. Preferimos a alegria, em vez da tristeza, mas é preciso valorizar também a tristeza, pois faz parte do ser humano ter tristezas autênticas. O problema são as tristezas falsas, neurotizantes.

Então, avance com humildade diante das grandes conquistas e tire grandes ensinamentos dos projetos que falharam.

Que você dê largos passos rumo a uma vida de gratidão, tanto diante das vitórias como das derrotas. Pois viver é aprender lições. E, na maioria das vezes, a vida é uma professora implacável — primeiro, dá a prova; só depois explica a lição.

Apontamos, neste livro, princípios provenientes da Psicologia Multifocal, que tem uma filosofia uniabrangente: cada ser humano é um mundo maravilhoso a ser descoberto, conhecido e maximizado.

Todas as pessoas trazem tesouros preciosos em seu interior, mesmo as mais complicadas e conflituosas. Todos nós viemos a este mundo carregando enormes potenciais. Por isso, mergulhe nos oceanos de seu próprio ser, pois a aventura continua.

Não tema os próprios sentimentos. Não se deixe abater pelas adversidades. Não há primaveras sem invernos. O inverno foi ontem. Hoje é um novo começo. Amanhã será um novo dia.

Comece cada dia com o coração cheio de expectativas e sincera gratidão pelo caminho percorrido.

Seja íntimo do Autor da Vida, que proverá sempre novas aventuras, com torrentes de esperança.

* * *

No próximo livro, caminharemos *Pelas Avenidas da Excelência* e descobriremos, dentro da Inteligência Multifocal, os movimentos em quatro dimensões para desenhar um novo destino. Continuaremos a aventura imperdível do espetáculo da vida.

Depois dos passos para a transformação, espero encontrar você na surpreendente busca da excelência.

Referências bibliográficas

COVEY, Stephen R.. *O 8º Hábito — da Eficácia à Grandeza*. Elsevier, Rio de Janeiro, 2005.

CURY, Augusto. *Inteligência Multifocal*, 2ª ed. Cultrix, São Paulo, 2001.

——————. *O Mestre dos Mestres*. Academia de Inteligência, São Paulo, 1999.

——————. *O Mestre da Sensibilidade*. Academia de Inteligência, São Paulo, 2000.

——————. *O Mestre da Vida*. Academia de Inteligência, São Paulo, 2001.

——————. *O Mestre do Amor*. Academia de Inteligência, São Paulo, 2002.

——————. *O Mestre Inesquecível*. Academia de Inteligência, São Paulo, 2003.

——————. *Treinando a Emoção para Ser Feliz*. Academia de Inteligência, São Paulo, 2001.

——————. *Revolucione sua Qualidade de Vida*. Sextante, Rio de Janeiro, 2002.

——————. *Pais Brilhantes, Professores Fascinantes*. Sextante, Rio de Janeiro, 2003.

——————. *Superando o Cárcere da Emoção*. Academia de Inteligência, São Paulo, 2000.

——————. *Dez Leis para Ser Feliz*. Sextante, Rio de Janeiro, 2003.

——————. *Você é Insubstituível*. Sextante, Rio de Janeiro, 2002.

——————. *O Futuro da Humanidade — A saga de Marco Polo*. Sextante, Rio de Janeiro, 2005.

——————. *Nunca Desista dos Seus Sonhos*. Sextante, Rio de Janeiro, 2004.

————————. *12 Semanas para Mudar uma Vida*. Academia de Inteligência, São Paulo, 2004.

————————. *Seja Líder de Si Mesmo*. Sextante, Rio de Janeiro, 2004.

————————. *A Ditadura da Beleza e a Revolução das Mulheres*. Sextante, Rio de Janeiro, 2005.

————————. *Os Segredos do Pai Nosso*. Sextante, Rio de Janeiro, 2006.

————————. *Maria, a Maior Educadora da História*. Editora Planeta do Brasil, São Paulo, 2007.

————————. *A Sabedoria Nossa de Cada Dia*. Sextante, Rio de Janeiro, 2007.

GARDNER, Howard. *Estruturas da Mente - A Teoria das Inteligências Múltiplas*. Artes Médicas, Porto Alegre, 1994.

————————. *Inteligências Múltiplas*. Artes Médicas, Porto Alegre, 1995.

GOLEMAN, Daniel. *Inteligência Emocional*. Objetiva, Rio de Janeiro, 1995.

HILL, Napoleon. *Você Pode Fazer os seus Milagres*. Record, Rio de Janeiro, 2002.

————————. *Pense e Enriqueça*, 10ª ed. Record, Rio de Janeiro, 2006.

JOST DE MORAIS, Renate. *As Chaves do Inconsciente*. Vozes, Petrópolis, 2000.

LE DOUX, J. *O Cérebro Emocional*, 8ª ed. Objetiva, Rio de Janeiro, 2001.

MARINO JUNIOR, Raul. *A Religião do Cérebro*. Gente, São Paulo, 2005.

MORIN, Edgar. *O Método, V.5 - A Humanidade da Humanidade*. Sulinas, Porto Alegre, 2005.

————————. *O Método, V.6 - Ética*. Sulinas, Porto Alegre, 2006.

ROBBINS, Anthony. *Poder sem Limites*, 8ª ed. BestSeller, Rio de Janeiro, 2007.

————————. *Desperte o Gigante Interior*. Record, Rio de Janeiro, 1993.

SILVA, Ana Beatriz. *Mentes com Medo, da Compreensão à Superação*. Integrare, São Paulo, 2006.

SPRITZER, Nelson. *Pensamento e Mudança*. L&PM, Porto Alegre, 1993.

URURAHY, Gilberto. *O Cérebro emocional*. Rocco, Rio de Janeiro, 2005.

THURMAN, Chris. *Las Mentiras que Creemos*. Editorial Betania, Miami, 1993.